# KAMA SUTRA

# KAMA SUTRA

Textauswahl und Vorwort:
Pramesh Ratnakar

Parkland

© Lustre Press Pvt. Ltd. 1998
© Parkland Verlag, Köln 2004

Erstauflage
**Lustre Press Pvt. Ltd.**
M-75 GK II Market, New Delhi-110048, INDIA
Tel: ++91 (11) 2921 2271/2921 2782/2921 0886
Fax: ++91 (11) 2921 7185
E-mail: roli@vsnl.com, Website: rolibooks.com

Gedruckt in Singapur

Idee und Gestaltung von
Pramod Kapoor
Roli Books CAD Centre

Textauswahl und Vorwort
Pramesh Ratnakar

Fotos
Roli books Picture Library

Illustrationen :
A.Z. Ranjit

Alle Rechte vorbehalten. Diese Publikation darf ohne vorherige Genehmigung des Verlegers weder vollständig noch auszugsweise reproduziert oder auf irgendeine Art gespeichert oder übertragen werden.

ISBN: 3-89340-071-0

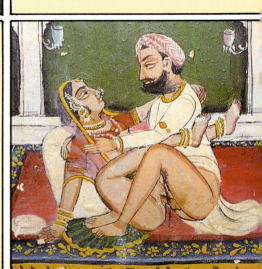

8
Vorwort

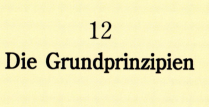

12
Die Grundprinzipien

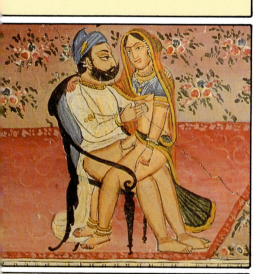

20
Der Mann

26
Die Frau

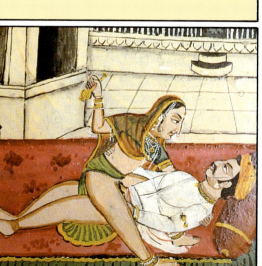

45
Die Vereinigung

# VORWORT

Das Kama Sutra, das etwa im 4. Jh. nach Chr. entstanden sein soll und seine Leser seit 2000 Jahren fasziniert, belehrt und unterhält, gehört zu den Meisterwerken der Weltliteratur. Auf dem indischen Subkontinent prägte es das Sexualverhalten und inspirierte Dichtkunst, Bildhauerei, Musik und Tanz.

Der Titel 'Kama Sutra' weist bereits auf Form und Inhalt dieses Werkes hin. Der Begriff 'Kama' bedeutet so viel wie 'Sinnesfreuden'. Inder Sinha interpretiert 'Kama' in seiner Ausgabe des Kama Sutra auf sehr schöne Art: 'Mit Kama sind die Wonnen feinster körperlicher, geistiger und seelischer Empfindungen gemeint: das Erwachen von Nase, Augen, Zunge, Ohren in einer Sphäre zwischen Verstand und Gefühl, wo sich das 'Kama' entfaltet.'

*Eine Umarmung, wie eine Mischung aus Sesamkörnern und Reis*

Für die Hindus gehört das Bewältigen und Erleben des Kama zu den vier wichtigsten Zielen eines Menschenlebens. Die anderen drei sind 'Arth', 'Dharma' und 'Moksha'. In den Vorstellungen der Hindus gehört zu einem erfolgreichen Leben die Meisterung der folgenden drei Aufgaben: der Erwerb von Artha bzw. materiellen Gütern, mit denen man sich eine Lebensgrundlage schafft; Kama bzw. Sinnesfreuden, insbesondere sexueller Art, die der Fortpflanzung dienen und Dharma, die Vorschriften und ethischen Werte, die die Rolle des Individuums und die verschiedener Gruppen in der Gesellschaft zwecks friedlichen Zusammenlebens definieren. Das vierte Ziel im Leben eines Menschen, das ein Weiterleben nach dem Tod ermöglicht, ist Moksha, die Erlösung.

Dazu meint Vatsyayana, ohne die Möglichkeit einer Seelenwanderung auszuschließen, daß dieser Punkt viel zu

*Das Liebesspiel des göttlichen Paares Radha und Krishna.*

*Die Liebe einer Frau verrät sich immer durch äußere Zelchen.*

**Seiten 7-8:** Im alten Indien war es Brauch, daß der Mann beim Liebesakt die aktive Rolle übernimmt. Die "Purushayita" Stellungen, in denen sich der Mann seinem Partner unterordnet, galten als nicht normal.

theoretisch und ungewiß wäre, um es verdient zu haben, sich damit eingehender zu befassen. Im Kama Sutra konzentriert sich der Autor darauf, welche Aufgabe dem Kama im Leben eines Menschen, dessen Ziel die Erfüllung der ersten drei Aufgaben sein soll, zukommt.

Er legt dem Leser nahe, daß die drei Lebensziele Kama, Artha und Dharma völlig miteinander im Einklang stehen sollten. Der Wunsch nach Sinnesfreuden, der Erwerb von Reichtümern und die Erfüllung religiöser, moralischer und gesellschaftlicher Pflichten müssen Hand in Hand gehen, so daß, hat man eines gemeistert, die beiden anderen davon profitieren.

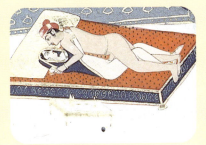

*Eine Umarmung, wie die Umklammerung einer Schlingpflanze.*

Dieses Buch ist viel mehr als nur eine Schilderung exotischer sexueller Gepflogenheiten. Das ursprüngliche, für Connaisseurs sinnlicher Freuden bestimmte Kama Sutra unterteilte sich in 7 Kapitel. Während nur eines dieser Kapitel die physischen Aspekte des Liebesaktes beschreibt, befassen sich die anderen mit der Gesamtpalette der Beziehungen zwischen Mann und Frau, mit Themen, wie dem Einrichten eines Hauses, dem Anlegen eines Gartens, bis zur Umwerbung einer Braut und der Verführung von Frauen anderer Männer.

Der Begriff 'Sutra' bezieht sich auf die Art von Komposition, in der dieses Werk verfaßt ist. Der Text wurde absichtlich in kurzer Versform gehalten, damit ihn sich Studenten einfach einprägen konnten. Zu den anderen bedeutenden, altindischen Texten im gleichen Stil gehören u.a. Paninis Abhandlung über Grammatik, Kautilyas 'Artha Shastra' und Patanjalis Werk über Yoga. Diese Verse werden von Kommentaren begleitet, die sich auf die Auslegung dieser Texte durch alte Gelehrte stützen und keine Interpretation des Autors sind. Die bedeutendste Auslegung des Kama Sutra ist die Jaymangala des Autors Yashodra aus dem 12. Jh. nach Chr., auf die man sich heute hauptsächlich bei der Entschlüsselung von Vatsyayanas Aphorismen stützt.

Außer dem, was aus dem Text selbst hervorgeht, ist uns leider kaum etwas über den Autor des Kama Sutra bekannt. Aus den verschiedenen Hinweisen auf Könige und Königinnen

*Die Liebe zwischen Radha und Krishna- musterhaftes Vorbild menschlicher Liebe.*

*Ein Mann sollte es so einrichten, wie zufällig von ihr gesehen zu werden.*

in Vatsyayanas Text, schlußfolgerten Gelehrte, daß Vatsyayana irgendwann im 4. Jh. nach Chr. in Pataliputra gelebt haben muß, einer der berühmtesten Städte des alten Indiens am Ufer des Ganges zwischen Benares und Kalkutta, die den Mittelpunkt des Reiches der Maurya Dynastie bildete. Es handelt sich um das jetzige Patna, Hauptstadt des Bundeslandes Bihar.

Vatsyayana berichtet in seinem Text, daß er, als er das Kama Sutra schrieb, als Asket in Benares lebte. Er bezeichnet sich eher als Herausgeber und nicht Autor dieses Werkes. Laut Vatsyayana waren die vielen verschiedenen Texte des Kama Shastra, der Wissenschaft von der Liebeskunst, viel zu umfangreich, um vom einfachen Volk zu Rate gezogen zu werden. Deshalb beschloß er, um den Kern dieses Werks zum allgemeinen Wohl der Menschheit zu erhalten, diese Schriften zusammenzufassen. Das Kama Sutra erhebt deshalb nicht den Anspruch, ein Originalwerk zu sein, sondern möchte als Zusammenfassung von all dem, was zu diesem Thema bisher geschrieben wurde, verstanden werden.

Vatsyayana führt im Detail alle zu Rate gezogenen Schriften auf. Er meint, daß das Original von Brahma, dem Schöpfer höchstpersönlich verfaßt worden sein soll, der in einhunderttausend Kapiteln sämtliche Verhaltensvorschriften in bezug auf Dharma, Artha und Kama niederlegte, die von Shivas Gefährten Nandi aufgeschrieben wurden.

Der erste menschliche Autor in der Kama Tradition war Shvetkatu, Uddalakas Sohn. Laut Vatsyayana soll er Nandis Werk auf fünfhundert Kapitel gekürzt haben. Shvetkatus Name taucht auch im Brihyat Upanishad und Chandogya Upanishad auf.

Später dann kürzten Babhravya und seine Schüler Shvetkatus umfangreiches Werk auf einhundertundfünfzig Kapitel. Spätere Gelehrte teilten Babhravyas Arbeit in sieben Themenbereiche auf, die sie ausführlich behandelten.

Diese Gelehrten waren Charayana, Suvarnanabha, Ghotakhmuka und insbesondere Dattaka, der unter Mithilfe einer berühmten Konkubine aus Pataliputra ein Werk verfaßte, das Vatsyayana direkt beeinflußte. Leider existiert keiner der Texte mehr aus der Zeit vor Vatsayayanas Kama Sutra.

Auch wenn das Kama Sutra vor mehr als zweitausend Jahren geschrieben wurde, ist es ein erstaunlich modernes Werk. Es erklärt sich nicht mit den alten Gelehrten einverstanden, die behaupten, daß es keinen weiblichen Orgasmus gäbe und besteht darauf, daß der Liebesakt dazu dient, sich gegenseitig Freude zu bereiten und ein Mann immer zuerst an die Frau und nicht an sich selbst denken muß. Es betont immer wieder, daß Technik kein Ersatz für Leidenschaft sein kann und daß die einzige Regel beim Liebesspiel ist, daß es im Endeffekt keine festen Regeln gibt und es Männern und Frauen freisteht, zu experimentieren, um selbst herauszufinden, was ihnen die größte Freude bereitet.

Das Kama Sutra wurde zum ersten Mal im Jahre 1883 von Sir Richard Burton, dem berühmten Forscher und seinem Freund F.F. Arbuthnot ins Englische übersetzt. Beide gründeten gemeinsam die Geheimgesellschaft 'The Kama Shastra of London', um erotische Literatur aus dem Orient zu übersetzen und veröffentlichen. Sie wurde privat gedruckt und zirkulierte für längere Zeit unter einer exklusiven Gruppe englischer Gentlemen, die sich für exotische Themen interessierten. Erst nach den großen Umwälzungen in den 60er Jahren begann die Welt erneut auf dieses Werk aufmerksam zu werden, das seitdem zu einem berühmten Klassiker geworden ist. Der jetzigen Ausgabe liegt die Übersetzung von Burton zugrunde. Das Kama Sutra ist ein wichtiger Quell, der uns Informationen über das Leben und die Gesellschaft des alten Indiens liefert. Für den kultivierten Städter bestimmt, beschreibt es im Detail seine Lebensgewohnheiten und seine Umwelt. Wir erfahren, wie er sich kleidet, lebt, was er ißt und trinkt, wie er seine Freunde unterhält und sich seinen Familienmitgliedern und älteren Menschen gegenüber verhält. Gesellschaftliche Anlässe wie Hochzeiten und religiöse Feste werden ausführlich beschrieben und man erhält einen echten Einblick in das Leben einer Konkubine und das Funktionieren des Kastensystems. Namhafte Gelehrte wie Basham schätzen das Kama Sutra als eine der bedeutendsten authentischen Informationsquellen über das Leben der wohlhabenden jungen Männer im alten Indien.

Dem modernen Leser hat das Kama Sutra viel zu bieten. Es macht ihn mit einer Sexualität bekannt, die frei von jeglichem Schuld- bzw. Schamgefühl ist. Es betrachtet den Sex als Kern einer Beziehung zwischen Mann und Frau und den Geschlechtsakt selbst als das Schenken gegenseitiger Freude. In Gestalt eines wissenschaftlichen Handbuches verfaßt, wirkt die Aufzählung der verschiedenen Techniken auf das Feingefühl des modernen Lesers, der Liebe mit Spontanität gleichsetzt, befremdend. Inder Sinha möchte aber darauf hinweisen, daß diese fast klinisch wirkenden Schilderungen als eine Art Grammatik der Liebe betrachtet werden sollen, die gemeistert werden muß, bevor man sich in dieser 'Sprache' fließend ausdrücken kann.

# DIE GRUNDPRINZIPIEN

Da der Erwerb einer Sache immer mit gewissen Bemühungen verbunden ist, kann behauptet werden, daß wir unser Ziel nur dann erreichen, wenn wir die richtigen Mittel verwenden. Auch wenn es heißt, daß eine Sache so vorausbestimmt gewesen wäre, ist es notwendig, zu handeln, da ein Mensch, der nichts dazu tut, auch nicht glücklich sein kann.

Der Liebesakt, der eine Angelegenheit zwischen Mann und Frau ist, verlangt von ihnen die Anwendung korrekter Methoden, die vom Kama Shastra bzw. der Wissenschaft der Liebeskunst erlernt werden können.

Mit Kama bezeichnet man die Freude an bestimmten Dingen, die mittels unserer fünf Sinne, des Gehörs, Gefühls, des Augenlichts,

*Frauen, meint Vatsyayana, sind zarte Geschöpfe, die wollen, daß man sich ihnen zärtlich nähert.*

Geschmacks und Geruchs empfunden wird. Dieses Gefühl der Freude ist auf den Kontakt des Sinnesorgans mit dem Gegenstand und dem Bewußtsein, das aus diesem Kontakt erwächst, zurückzuführen. Die Erotik ist ein Erlebnis, das Erfüllung in sich selbst findet.

Die Kunst des Kama kann aus dem Kama Sutra (Aphorismen der Liebeskunst) und den Ratschlägen jener Männer, die Experten in der Kunst des Freudespendens sind, erlernt werden.

Ein Mann, der die vierundsechzig Künste des Kama Shastra bzw. der Wissenschaft von der Liebeskunst, wie von Babhravya erwähnt, gemeistert hat, erreicht sein Ziel und erobert sich die begehrtesten Frauen. Einem Mann, der zwar sehr redegewandt ist, aber nichts von den 64 Künsten des Kama Shastra versteht, wird im Kreise gebildeter Menschen keine Achtung entgegengebracht. Ein Mann aber, der zwar nichts von anderen Dingen versteht, dafür aber die 64 Künste beherrscht, wird von anderen Frauen und Männern geachtet. Zu einem Mann, der die 64 Künste gemeistert hat, blicken seine eigene Frau, die Frauen anderer und Konkubinen voller Bewunderung und Liebe im Herzen auf.

## DIE DREI WICHTIGEN LEBENSZIELE

In den hundert Jahren seines Lebens soll ein Mann die Regeln des Dharma, Artha und Kama auf solche Art befolgen, daß sie miteinander harmonieren und nicht aufeinanderprallen.

Dharma ist der Gehorsam den Vorschriften des Shastra bzw. der heiligen Schrift der Hindus gegenüber, die bestimmt, was man tun darf und was nicht, Dharma wird von Shruti (den Vedas) und weisen Männern gelehrt.

Mit Artha ist das Erlernen der schönen Künste, der Erwerb von Grund und Boden, Gold, Vieh und Freunden im Einklang mit den Vorschriften des Dharma gemeint. Dazu gehört auch der Schutz des Erworbenen und dessen Vermehrung. Artha kann von königlichen Beamten und Kaufleuten, die sich in Dingen des Handels auskennen, erlernt werden.

Es ist falsch zu glauben, daß Kama nicht wichtig wäre, da es sich hinderlich auf die Befolgung von Dharma und Artha auswirkt. Kama ist für die Existenz und das Wohlergehen eines Menschen genauso notwendig wie Speise und Trank. Deshalb ist einem Mann, der die Vorschriften des Dharma, Artha und Kama befolgt, in dieser wie auch anderen Welten Glück beschieden. Die Guten wissen das und handeln deshalb ohne Furcht. Eine Tat, die im Einklang mit den Prinzipien des Dharma, Artha und Kama, mit einem oder zwei dieser drei steht, kann für gut geheißen werden. Eine Tat, die im Einklang mit nur einer dieser Lehren steht, sich aber gegen die beiden anderen wendet, sollte vermieden werden.

## 'KEINE REGELN' IST DIE EINZIGE REGEL

Die Lehren von der Liebeskunst haben nur so lange Gültigkeit, wie der Mann seine Leidenschaft

unter Kontrolle hat. Hat sich das Rad der Liebe aber erst einmal in Bewegung gesetzt, sind Shastra und alle anderen Regeln vergessen. Es heißt, daß es zwischen der Umarmung, dem Kuß, dem Reizen mit Fingern und Fingernägeln und anderen Dingen keine festgelegte Reihenfolge gibt, diese Dinge aber alle vor dem eigentlichen Liebesakt geschehen sollen, während Schläge und das Ausstoßen verschiedener Laute dem Zeitpunkt der sexuellen Vereinigung vorbehalten sind.

Vatsyayana ist der Meinung, daß es nicht darauf ankommt, wann was getan wird, da in der Liebe weder Zeit noch Reihenfolge eine Rolle spielen.

Leidenschaftliche Reaktionen und verliebte Gesten, die ganz spontan sind und sich während des Liebesspiels ergeben, können nicht vermieden werden und sind so unberechenbar wie Träume. Ein Pferd, das die fünfte

*Gegenüber: Zu einem Mann, der die vierundsechzig Künste beherrscht, schauen seine eigene Frau, die Frauen anderer und Konkubinen voller Liebe im Herzen auf.*

Geschwindigkeitsstufe einmal überschritten hat, läuft blindlings weiter, ohne auf Abgründe oder Gräben zu achten, die ihm den Weg versperren. Genauso ist ein Liebespaar auf dem Höhepunkt seiner sexuellen Vereinigung vor Leidenschaft blind und verliert alle Kontrolle. Deshalb auch sollte sich ein Mann, der die Liebeskunst beherrscht und sich seiner Stärke wie auch der Empfindlichkeit, Impulsivität und Kraft der jungen Frau bewußt ist, dementsprechend verhalten. Die verschiedenen Methoden, sinnliche Freuden zu genießen, sind nicht für jeden bestimmt und auch nicht zu jedem beliebigen Zeitpunkt anwendbar, sondern sollten nur im richtigen Augenblick und an der rechten Stelle angewandt werden.

Ein Mann sollte deshalb auf den Ort, Zeitpunkt und die Methode, die er anzuwenden gedenkt, achten und sich gut überlegen, ob sie auch zu seinem Charakter paßt. Letztlich aber sind das alles Dinge, die im Verborgenen stattfinden und da ein Mann ein wankelmütiges Wesen ist, ist es einfach unmöglich,

genau festzustellen, was eine bestimmte Person in einem bestimmten Augenblick tun wird.

Vatsyayana meint, daß, was die Liebe angeht, sich jeder an die Gepflogenheiten seines Landes halten und seinem Charakter entsprechend handeln soll.

## ABWECHSLUNG - DER KERN DER EROTIK

Der Grund dafür, meint Vatsyayana ist, daß, da Abwechslung nun einmal für die Liebe unerläßlich ist, auch eine sexuelle Beziehung von Abwechslung geprägt sein muß. Aus diesem Grund auch sind Konkubinen, die sich verschiedener Mittel und Methoden bedienen, so begehrenswerte Geschöpfe, denn wie in den Künsten und der Unterhaltung wünscht man sich auch beim Liebesakt Abwechslung.

Eine kluge Person sollte den Liebesakt nach dem Vorbild der verschiedenen Tier - und Vogelarten variieren, denn die verschiedenen Methoden sexueller Vereinigungen, die sich nach den

Sitten des jeweiligen Landes und den Wünschen des Individuums richten, erzeugen im Herzen einer Frau Gefühle der Liebe, Freundschaft und des Respektes.

*Am Vormittag sollten Männer, nachdem sie sich angekleidet haben, in Begleitung von Frauen und deren Zofen in Gartenanlagen spazieren gehen.*

## Es ist das Zusammensein, das zählt

Ein Mann sollte, den Neigungen der Frau entsprechend, versuchen, sich ihr Herz zu erobern, damit sie sich in ihn verliebt und ihm ihr Vertrauen schenkt. Ein Mann wird keinen Erfolg haben, wenn er bedingungslos ihren Wünschen nachgibt oder sich ihr immerzu widersetzt und sollte deshalb den Pfad der 'Goldenen Mitte' wählen. Derjenige, der versteht, sich bei Frauen beliebt zu machen, ihnen Achtung entgegenbringt und ihnen Vertrauen einflößt, wird zum Gegenstand ihrer Liebe. Derjenige aber, der ein Mädchen vernachlässigt, weil er glaubt, daß sie zu schüchtern wäre, wird von ihr als Scheusal verachtet, das nichts von den Gefühlen einer Frau versteht. Ein Mädchen dagegen, mit dem sich ein Mann gegen ihren Willen und ohne ihr Verständnis entgegenzubringen, vergnügt, wird nervös, verunsichert und niedergeschlagen und beginnt den Mann, der sie ausgenutzt hat, zu hassen. Wenn ihre Liebe nicht erwidert wird, versinkt sie in große Mutlosigkeit und beginnt entweder den Geschlechtsakt oder ihren Liebhaber zu hassen und Zuflucht bei anderen Männern zu suchen.

Vatsyayana sagt, daß ein Mann am Anfang zärtlich sein und das Selbstbewußtsein seiner Geliebten stärken muß. Da Frauen zarte Naturen sind, wollen sie auch, daß man sich ihnen zärtlich nähert. Wenn sich ihnen aber ein Mann, den sie kaum kennen, gewaltsam aufdrängt, kann es geschehen, daß sie beginnen, geschlechtliche Beziehungen oder das ganze männliche Geschlecht zu hassen. Deshalb sollte ein Mann, wenn er sich einer Frau nähert, ihre Gefühle respektieren und sich nur solcher Methoden bedienen, die helfen, ihr Vertrauen zu gewinnen.

## Frauen - das ewige Rätsel

Das Ausmaß der Liebe einer Frau ist aufgrund der Raffinesse und angeborenen Intelligenz des weiblichen Geschlechts nicht einmal denen bekannt, die Gegenstand ihrer Liebe sind.

Frauen, das ist bekannt, zeigen kaum ihr wahres Gesicht, auch dann nicht, wenn sie einen Mann lieben oder ihm gegenüber gleichgültig werden. Sie können ihn entzücken oder verlassen und sich all seine Reichtümer, die er besitzt, erschleichen.

Alte Autoren meinen, daß ein Mann an den Körperformen einer Frau und an besonderen Merkmalen ihre Veranlagung, Treue, Willensstärke und Intensität ihrer Leidenschaft erkennen könne. Vatsyayana dagegen meint, daß Körperformen und besondere Kennzeichen irreführend wären und der wahre Charakter einer Frau an ihrem Verhalten, ihren Äußerungen und ihren Gesten erkannt werden kann.

Gonakiputra behauptet, daß sich alle Frauen in schöne Manner verlieben, genauso, wie sich jeder Mann beim Anblick eine schönen Frau verliebt, aber aus einer Reihe von Gründen keine weiteren Schritte unternehmen.

Dabei ist das folgende Verhalten für eine Frau typisch: Sie liebt, ohne sich darüber Gedanken zu machen, ob es richtig oder falsch ist und versucht nie, einen Mann aus rein materiellen Gründen für sich zu gewinnen. Außerdem zieht sie sich, wenn sich ihr ein Mann nähert, zunächst zurück, auch wenn sie bereit ist, mit ihm eine sexuelle Bindung einzugehen. Nach wiederholten Versuchen aber wird sie schließlich nachgeben.

## DIE KUNST DER VERFÜHRUNG

Wenn ein Mann vorhat, eine Frau zu verführen, darf er niemals versuchen, sich zur gleichen Zeit einer anderen zu nähern. Nachdem er bei der ersten Erfolg gehabt und sie eine Zeit lang besessen hat, kann er sich ihre Zuneigung sichern, indem er ihr Geschenke macht, an denen sie Gefallen findet, um sich dann der anderen zuzuwenden. Ein kluger Mann, der auf seinen guten Ruf Wert legt, sollte nie versuchen, eine Frau, die ängstlich und schüchtern, nicht vertrauenswürdig, die gut behütet ist oder eine Schwiegermutter und einen Schwiegervater hat, zu verführen.

## DER MANN - LUST UND BEFRIEDIGUNG

Ein Verlangen natürlicher Art, das künstlich gesteigert und auf kluge

*Wenn ein Mädchen ins heiratsfähige Alter kommt, sollten ihre Eltern sie schön kleiden und an solche Orte führen, an denen sie von anderen gesehen werden kann.*

Art gesteuert wird, ist beständig und sicher. Ein kluger Mann, der seinen Fähigkeiten vertraut, die Gefühle einer Frau kennt, und weiß, wann sie einem Mann abgeneigt ist, hat gewöhnlich bei ihr Erfolg.

Bei der ersten geschlechtlichen Vereinigung ist die Leidenschaft des Mannes stark, sodaß er nur kurze Zeit benötigt. Bei späteren geschlechtlichen Vereinigungen am gleichen Tag ist das Gegenteil der Fall. Bei einer Frau ist es umgekehrt, da beim ersten Mal ihre Leidenschaft noch nicht völlig erwacht ist und sie deshalb länger braucht. Bei darauffolgenden Gelegenheiten am gleichen Tag ist ihre Leidenschaft entflammt und sie braucht nur kurze Zeit, ihre Lust zu befriedigen.

*Wenn einer der beiden Liebenden einen oder beide Schenkel des anderen fest an sich drückt, so nennt man das die 'Umarmung der Schenkel'.*
***Gegenüber :*** *In einem parfümierten Vergnügungszimmer können ein Mann und eine Frau zweideutige Gespräche führen, die in Gesellschaft anderer als anstößig gelten würden.*

# DER MANN

### WAS ER WISSEN MUSS

Ein Mann sollte die Wissenschaft von der Liebeskunst, das Kama Shastra und die dazugehörigen Künste und Wissenschaften beherrschen und zwar zusätzlich zu einem Studium der schönen Künste und Naturwissenschaften, wie im Dharma und Artha vorgeschrieben.

Zusammen mit dem Kama Sutra sollten die folgenden 64 Künste gemeistert werden:

1. Vokalmusik
2. Instrumentalmusik
3. Tanz
4. Tanz und Gesang zum Spielen eines Musikinstrumentes
5. Schreiben und Malen

*Krishna inmitten der Milchmägde. Krishnas Liebeleien mit den Milchmägden inspirierten Generationen von Malern, Dichtern und Schriftstellern.*

6. Tätowieren

7. Das Schmücken eines Idols mit Reis und Blumen

8. Das Auslegen und Anordnen von Blumen auf Betten und auf dem Boden zu Mustern

9. Das Färben, Beizen und Bemalen von Zähnen, Kleidungsstücken, Haaren, Nägeln und des Körpers

10. Das Auslegen von Fußböden mit buntbemalten Glasplatten

11. Das Verschönern von Betten und Auslegen des Zimmers mit Teppichen und Kissen

12. Das Anschlagen von Tönen auf mit Wasser gefüllten Gläsern

13. Das Auffangen und Aufbewahren von Wasser in Äquadukten, Zisternen und Reservoirs

14. Das Anfertigen und Einrahmen von Bildern

15. Das Aufreihen von Rosenkränzen, Halsketten, Girlanden und Flechten von Kränzen.

16. Das Binden von Turbanen und Haarknoten und Anfertigen von Kopfschmuck aus Blumen

17. Landschaftsgestaltung und Bühnenauftritte

18. Die Kunst der Schmuckherstellung

19. Die Kunst der Parfümherstellung

20. Die Kunst des Kleidens und Schmuckanlegens

21. Zauberei und Hexenkust

22. Geschicklichkeit bei handwerklichen Fertigkeiten

23. Die Kochkunst

24. Das Zubereiten von Limonaden, Sorbets und Getränken

25. Die Nähkunst

26. Das Anfertigen von Papageien, Blumen, Sträußen, Knäufen und Knöpfen aus Garn und Fäden

27. Das Lösen von Rätseln und Kreuzworträtseln, entziffern von Geheimsprachen

28. Das Beginnen und Beenden von Versen

29. Pantomime

30. Das Lesen, Intonieren und Rezitieren

31. Das Meistern von Zungenbrechern

32. Der Umgang mit Schwert, Stock und Pfeil und Bogen

33. Das Ziehen von Schlußfolgerungen und ihre Verteidigung

34. Das Tischlerhandwerk

35. Die Baukunst

36. Kenntnisse über Gold - und Silbermünzen, Schmuck und Edelsteine

37. Chemie und Mineralogie

38. Das Färben von Schmuck, Edelsteinen und Glasperlen

39. Kenntnisse über den Bergbau und Steinbrüche

40. Gärtnerei

41. Die Kunst der Hahnen -, Wachtel - und Widderkämpfe

42. Die Kunst, Papageien das Sprechen beizubringen

43. Das Einsalben des Körpers mit duftenden Salben und das Frisieren der Haare

44. Die Kunst des Schreibens und Entschlüsselns von Geheimschriften

45. Die Redekunst

46. Das Beherrschen der Sprache und anderer Landesdialekte

47. Das Anfertigen von Sänften aus Blumen

48. Das Einrahmen von mystischen Diagrammen

49. Gedächtnisübungen, wie das Vollenden angefangener Verse

50. Das Verfassen von Gedichten

51. Die Kenntnis von Wörterbüchern

*Gegenüber : Vatsyayana meint, daß ein Mann, der eine Frau erobern möchte, zunächst mittels eines Gespräches versuchen muß, ihr Vertrauen zu gewinnen.*

52. Die Kunst des Verkleidens und Verstellens

53. Die Kunst des Vortäuschens, wie man z.B. Baumwolle wie Seide wirken läßt

54. Die verschiedenen Arten des Glücksspiels

55. Wie man mittels Mantras und Zauberformeln in den Besitz von Dingen anderer Menschen gelangen kann

56. Sportliches Können

57. Das Beherrschen gesellschaftlicher Umgangsformen, wie man anderen Menschen Respekt entgegenbringt und Komplimente macht

58. Kenntnisse über die Kriegskunst

59. Gymnastik

60. Die Kunst, wie man den Charakter eines Mannes von seinen Gesichtszügen ablesen kann

61. Die Kunst des Auslegens und Ersinnens von Versen

62. Arithmetischer Zeitvertreib

63. Das Anfertigen künstlicher Blumen

64. Das Anfertigen von Figuren und Abbildern aus Lehm

Ein Mann, der all diese Künste beherrscht, sprachgewandt ist und es versteht, Komplimente zu machen, erobert sich im Handumdrehen das Herz einer Frau, auch wenn er sie erst seit kurzer Zeit kennt.

## WIE MAN SIE AM BESTEN KENNENLERNT

Wenn ein Mann den ersten Schritt tut, so soll er mit der Frau, in die er sich verliebt hat, auf folgende Art Bekanntschaft schließen:

Zunächst sollte er es so einrichten, daß er von dieser Frau zufällig oder zu irgendeinem besonderen Anlaß gesehen wird. Als zweites sollte er sie bei der ersten Begegnung so anschauen, daß sie genau weiß, was er im Sinn hat.

Mit einem Kind oder einer dritten Person sollte er in ihrer Gegenwart ein mehrdeutiges Gespräch führen, das sich

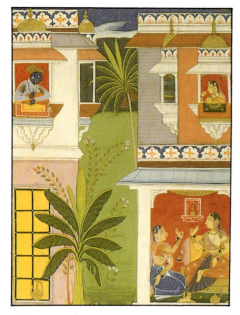

*Ein typisches Bürgerhaus mit Blick auf den Innenraum, der Frauen vorbehalten war.*

indirekt auf die Frau, die er liebt, bezieht, damit sie unter diesem Vorwand von seiner Liebe erfährt.

Er soll sie Schritt für Schritt kennenlernen und sich ihren Verwandten gegenüber liebenswürdig zeigen. Je vertrauter sein Umgang mit ihr wird, sollte er ihr irgendein Pfand oder etwas Wertvolles anvertrauen, wovon er sich gelegentlich etwas zurückgeben lassen soll.

Um sie regelmäßig sehen zu können, sollte er es so einrichten, daß beide Familien zu dem gleichen Goldschmied, Juwelier, Korbflechter, Färber und Wäscher gehen. Er sollte ihr unter dem Vorwand, etwas Geschäftliches mit ihr besprechen zu müssen, längere Besuche abstatten. Ein Anlaß sollte den anderen ablösen, damit die Verbindung zwischen ihnen nicht abreißt.

Immer, wenn sie einen Wunsch äußert oder Geld braucht, sollte er ihr eine der Künste beibringen, je nachdem, was ihm am meisten liegt und die geringsten Schwierigkeiten bereitet.

Nachdem ein Mädchen einen Mann auf oben beschriebene Art kennengelernt und ihm durch äußerliche Zeichen und Gesten zu verstehen gegeben hat, daß sie seine Gefühle erwidert, sollte der Mann nichts unversucht lassen, sie für sich zu gewinnen.

## SEIN HAUS UND SCHLAFZIMMER

Nachdem ein Mann sich eine umfassende Bildung angeeignet hat, sollte er mit den Reichtümern, die er sich erkauft, erkämpft oder von seinen Vorfahren geerbt hat, einen Hausstand gründen und das Leben eines geachteten Bürgers führen. Er soll in einer Stadt oder auf dem Land in Nachbarschaft geachteter Menschen ein Haus erwerben. Diese Stätte sollte sich in Wassernähe befinden und in vier Bereiche unterteilt sein. Das Haus sollte in einem Garten stehen und zwei Gemächer, ein äußeres und ein inneres haben. Das innere sollte von den weiblichen Angehörigen bewohnt werden, während in dem äußeren, nach berauschendem Parfüm duftenden Raum ein Bett stehen soll, weich und einladend anzuschauen mit einem sauberen weißen Bettuch, Blumengirlanden und Blumensträußen, einem Baldachin und zwei Kissen, eines am oberen und eines am unteren Ende. Dort sollte es auch eine Art Couch geben mit einem Hocker, auf den wohlriechende Salben für die Nacht, Blumen und Töpfchen mit Duftstoffen zum Beseitigen des Mundgeruchs und die Rinde des Zitrusbaumes gelegt werden können.

Nahe der Couch sollten auf dem Boden ein Gefäß zum Spucken stehen und ein Kästchen mit Schmuckstücken. An einem Haken aus Elfenbein sollte eine Laute hängen. Außerdem sollte es in diesem Raum ein Zeichenbrett, einen Behälter mit Parfüm, ein paar Bücher und Girlanden aus den gelben Blüten der Amarant-Blume geben.

Nicht weit von der Couch sollte auf der Erde ein rundes Sitzkissen liegen und ein Brett zum Würfelspiel. Vor dem äußeren Raum sollten Vogelkäfige stehen und es sollte einen separaten Platz zum Spinnen, Schnitzen und für andere Beschäftigungen geben. Im Garten sollte ein Karussell und eine Schaukel stehen und es eine Laube mit blühenden Kletterpflanzen und einer Plattform zum Sitzen geben.

## SEIN LEBENSSTIL

Die Nacht beim Würfelspiel verbringend. Bei Mondschein Spaziergänge machen. Die Ankunft des Frühlings mit einem Fest zu feiern. Vom Mangobaum junge Triebe und Früchte pflücken. Wenn die Bäume ihr neues Kleid anlegen, im Wald Picknick machen, sich die Zeit beim Wassersport bzw. Udakakshvedika vertreiben. Sich gegenseitig mit Blumen gewisser Bäume schmücken. Lotosstengel und junge Maiskolben verzehren. Sich mit Kadamba-Blüten bewerfen und andere Zeitvertreibe, die überall im Land oder in bestimmten Landstrichen Brauch sind.

Mit diesen und ähnlichen Vergnügen sollte sich ein Bürger die Zeit vertreiben. Er sollte mit anderen Gespräche führen und seine Freunde durch seine Anwesenheit beglücken, anderen Gefälligkeiten erweisen und behilflich sein und dafür sorgen, daß sie sich auf gleiche Art auch untereinander helfen.

*Mit Kama ist die Freude an bestimmten Dingen gemeint, die mittels unserer fünf Sinne, des Gehörs, Gefühls, des Geschmacks, Geruchs und der Augen wahrgenommen und an Geist und Seele weitergegeben werden.*

# DIE FRAU

Es ist falsch zu sagen, daß einer Frau das Studium des Kama Sutra nicht erlaubt werden soll. Sogar junge Mädchen sollten sich mit seinen Künsten und Wissenschaften vor ihrer Hochzeit und nach ihrer Hochzeit mit Einverständnis ihres Mannes beschäftigen.

Eine Frau sollte die Wissenschaft vom Kama, oder einen Teil davon, erlernen, indem sie einen Freund in ihr Vertrauen zieht. Sie sollte allein und im geheimen die 64 Künste, die einen Teil der Liebeswissenschaften des Kama bilden, studieren.

Eine Konkubine von angenehmen Wesen, Schönheit und anderen einnehmenden Charakterzügen, die die oben genannten Künste beherrscht, wird mit dem Namen "Ganika"

*Eine Frau, die sich im Spiegel betrachtet, der von ihrer Bediensteten gehalten wird. Vatsyayana rät, mit mißgebildeten oder kranken Frauen keinen Geschlechtsverkehr zu haben.*

und einem Ehrenplatz in der männlichen Gesellschaft geehrt. Sie wird darüberhinaus vom König respektiert, von gelehrten Männern gelobt und von jedem umworben. Sie wird zum Gegenstand allgemeiner Hochachtung.

Sie kann sich wie eine Frau, die ihren Mann verloren hat und in Not geraten ist, ihren Lebensunterhalt sogar in einem fremden Land dank ihrer Kenntnis dieser Künste verdienen.

## Untersuchungen zum Gemütszustand einer Frau

Wenn ein Mann versucht, sich das Herz einer Frau zu erobern, sollte er zunächst herausfinden, was sie denkt und dann dementsprechend handeln. Wenn sie ihn nach der ersten Begegnung sorgfältiger als vorher gekleidet wiedertrifft oder ihn an einem einsamen Ort besucht, kann er sicher sein, daß sie sich mit sanfter Gewalt erobern lassen wird.

Eine Frau, die einem Mann erlaubt, sie zu umwerben, sich ihm aber nicht hingibt, ist, was die Liebe betrifft, oberflächlich, kann aber dank der Launenhaftigkeit des menschlichen Gemüts, dennoch erobert werden, wenn er zu ihr eine enge Beziehung aufrechterhält.

Wenn ein Mann um eine Frau wirbt und diese ihn mit strengen Worten rügt, sollte er ihr sofort den Rücken kehren.

Wenn eine Frau einen Mann tadelt, gleichzeitig aber liebenswürdig zu ihm ist, sollte er auf jede erdenkliche Art von ihr Besitz ergreifen.

Eine Frau, die sich an einem einsamen Ort mit einem Mann trifft und nicht protestiert, wenn er sie mit den Füßen berührt, sondern aufgrund ihrer Unschlüssigkeit so tut, als ob sie nichts gemerkt hätte, sollte mit viel Geduld gefügig gemacht werden.

Wenn eine Frau einem Mann die Gelegenheit gibt, ihm ihre Liebe kundzutun, sollte er nicht länger warten und von ihr Besitz ergreifen. Ein Mann sollte sich zuerst der Frau vorstellen lassen und dann ein Gespräch mit ihr beginnen. Er sollte andeuten, daß er sich in sie verliebt hat und, wenn aus ihrer Antwort zu erkennen ist, daß auch sie ihm geneigt ist, sollte er ohne Furcht versuchen, sie für sich zu gewinnen.

## Wichtige Zeichen

Ein Mädchen zeigt ihre Liebe durch äußerliche Zeichen und Gesten auf folgende Art:

Sie blickt einem Mann nie direkt in die Augen und schämt sich, wenn er sie anschaut; sie zeigt ihm unter irgendeinem Vorwand ihre Beine; sie blickt ihn heimlich weiter an, auch wenn er sich abgewandt hat; sie schaut verschämt zu Boden, wenn er sie etwas fragt und antwortet ihm in unverständlichen Worten und unvollständigen Sätzen; freut sich, wenn er längere Zeit bei ihr weilt; spricht in einem ganz bestimmten Tonfall zu ihren Gefährtinnen in der Hoffnung, seine Aufmerksamkeit auf sich zu lenken und weigert sich den Ort, an dem er sich befindet, zu verlassen. Sie zeigt ihm, unter irgendeinem Vorwand, verschiedene Dinge, erzählt Geschichten, die sie absichtlich in die Länge zieht, damit sie seine Aufmerksamkeit so lange wie nur möglich fesselt, küßt und umarmt vor seinen Augen ein Kind, das auf ihrem Schoß sitzt, malt Zierzeichen auf die Stirn ihrer weiblichen Gefährtinnen, bewegt sich verspielt und anmutig, wenn sie von ihren Gefährtinnen in Gegenwart ihres Geliebten geneckt wird; vertraut sich den Freunden ihres Geliebten an und respektiert und hört auf sie; ist zu seinen Bediensteten gütig und freundlich und stellt sie an, für sie Arbeiten zu erledigen, so als ob sie die Herrin des Hauses wäre; hört ihnen aufmerksam zu, wenn sie Geschichten über ihren Geliebten erzählen, betritt sein Haus, wenn sie von der Tochter ihrer Amme dazu überredet wird und bringt es mit ihrer Hilfe fertig, ihn in ein Gespräch zu verwickeln und mit ihm zu spielen. Sie vermeidet, von ihrem Geliebten gesehen zu werden, wenn sie nicht schön gekleidet und geschmückt ist. Sie läßt ihm durch ihre Freundinnen ihre

Ohrringe, Ring oder Blumengirlande überbringen, die er zu sehen gebeten hat. Sie trägt immer Dinge, die er ihr geschenkt hat. Sie ist niedergeschlagen, wenn die Eltern den Namen eines anderen Bräutigams erwähnen und meidet die Gesellschaft all derer, die zu seiner Gruppe gehören.

Dieses Thema wird auch mit den folgenden Zeilen behandelt:

Ein Mann, der die Gefühle eines Mädchens an ihren Gesten und äußerlichen Zeichen erkannt hat, sollte alles, was in seiner Macht steht, tun, um eine geschlechtliche Bindung mit ihr einzugehen. Ein junges Mädchen sollte er durch kindliche Spiele gewinnen, eine erwachsene Frau mit seinen Fertigkeiten in den 64 Künsten und ein Mädchen, das sich in ihn verliebt hat, sollte er, indem er Verbindung zu Personen, denen sie vetraut, knüpft, gewinnen.

## Wie man die Erwartungen auf den Höhepunkt treibt

Wenn das Mädchen nun beginnt, ihre Liebe durch die oben

erwähnten Zeichen und Gesten kundzutun, sollte der Verliebte versuchen, sie sich auf folgende Art willig zu machen:

Wenn er mit ihr auf dem gleichen Bett sitzt, soll er ihr sagen: "Ich muß dir etwas gestehen." Wenn sie ihm dann an einen stillen Ort folgt, soll er ihr seine Liebe durch Worte und Zeichen beteuern. Wenn er sich über ihre Gefühle im klaren ist, soll er vortäuschen, krank zu sein, damit sie ihn zu Hause besucht und sich mit ihm unterhält. Dann soll er absichtlich ihre Hand ergreifen, sie auf seine Stirn und Augen legen und sie mit den folgenden Worten bitten, eigenhändig Medizin für ihn zuzubereiten: "Diese Arbeit kannst nur Du und niemand anders tun!" Wenn sie gehen will, soll er sie mit dem Versprechen, ihn wieder zu besuchen, gehen lassen. Diese vorgetäuschte Krankheit sollte drei Tage und drei Nächte dauern. Bei ihren regelmäßigen

*Gegenüber : Eine Frau unterwegs in den Wald zu einem geheimen Stelldichein mit ihrem Geliebten.*

Wenn eine Frau durch äußerliche Zeichen und Gesten einem Mann zu verstehen gibt, daß sie ihm geneigt ist, sollte er versuchen, sie für sich zu gewinnen.

Besuchen sollte er mit ihr lange Gespräche führen, denn, wie Ghoamukha meint, "auch wenn ein Mann rasend in ein Mädchen verliebt ist, kann er sie ohne lange Gespräche nicht gewinnen."

Nachdem er dann zu religiösen Anlässen, auf Hochzeiten, Jahrmärkten, Festen unnd öffentlichen Zusammenkünften oder im Theater durch ihr Verhalten ihm gegenüber festgestellt hat, welche Gefühle sie für ihn hegt, sollte er versuchen, wenn sie allein ist, von ihr Besitz zu ergreifen, da, wie Vatsyayana meint, "Frauen zum richtigen Zeitpunkt und am richtigen Ort ihren Geliebten nicht enttäuschen."

Die folgenden Frauen lassen sich leicht erobern:

1. Frauen, die an der Tür ihres Hauses stehen.
2. Frauen, die immer aus dem Fenster schauen.
3. Frauen, die im Hause des Nachbarn sitzen und schwatzen
4. Eine Frau, die dich immerzu anstarrt.
5. Ein weiblicher Bote
6. Eine Frau, die dich von der Seite anblickt.
7. Eine Frau, deren Mann sich ohne Grund eine andere genommen hat.
8. Eine Frau, die ihren Mann haßt und von ihm gehaßt wird.
9. Eine Frau, die niemanden hat, der sich um sie kümmert und sie im Zaum hält.
10. Eine Frau, die keine Kinder zur Welt gebracht hat.
11. Eine Frau, deren Familie oder Kaste nicht bekannt ist.
12. Eine Frau, deren Kinder gestorben sind.
13. Eine Frau, die gern Gesellschaft hat.
14. Eine Frau, die den Eindruck erweckt, sehr liebenswürdig zu ihrem Mann zu sein.
15. Die Frau eines Schauspielers.
16. Eine Witwe
17. Eine arme Frau
18. Eine Frau, die sich gern vergnügt.
19. Die Frau eines Mannes mit mehreren jüngeren Brüdern
20. Eine eitle Frau
21. Die Frau eines Mannes, der ihr gesellschaftlich und geistig unterlegen ist.
22. Eine Frau, die stolz auf ihre künstlerische Begabung ist.
23. Eine Frau, die aufgrund der Torheiten ihres Mannes geistig gestört ist.
24. Eine Frau, die in ihrer Kindheit mit einem reichen Mann verheiratet wurde, den sie, nachdem sie herangewachsen ist, nicht mehr leiden kann und sich einen Mann wünscht, dessen gesellschaftliche Stellung, Talent und Bildung ihren Vorstellungen entspricht.
25. Eine Frau, die von ihrem Mann ohne Grund geringschätzig behandelt wird.
26. Eine Frau, die von anderen Frauen, die ihr gesellschaftlich gleichgestellt

und genauso schön wie sie sind, nicht geachtet wird.

27. Eine Frau, deren Mann gern reist.
28. Die Frau eines Juweliers
29. Eine eifersüchtige Frau
30. Eine lüsterne Frau
31. Eine unmoralische Frau
32. Eine unfruchtbare Frau
33. Eine faule Frau
34. Eine feige Frau
35. Eine bucklige Frau
36. Eine zwerghafte Frau
37. Eine mißgestaltete Frau
38. Eine gewöhnliche Frau
39. Eine Frau, die schlecht riecht.
40. Eine kranke Frau
41. Eine alte Frau

## Zur Ehe

Eheliche Bindungen sollten weder mit untergeordneten noch übergeordneten, sondern gleichgestellten Partnern geschlossen werden.

Wenn ein Mann, nachdem er ein Mädchen geheiratet hat, von ihr und ihren Angehörigen wie ein Diener behandelt wird, nennt man das eine 'hohe Bindung', die von klugen Männern mißbilligt wird. Wenn andererseits der Mann zusammen mit seinen Verwandten seine Frau herumkommandiert, nennt man eine solche Bindung eine 'niedere Bindung'. Wenn sich Mann und Frau aber gegenseitig Freude spenden und ihre Verwandten sich gegenseitig respektieren, so nennt man das eine 'vorbildliche eheliche Bindung'. Deshalb sollte ein Mann weder eine 'hohe Bindung', bei der er sich später ihren Angehörigen beugen muß, noch eine 'niedere Bindung', die von allen kritisiert wird, eingehen. Auch zu diesem Punkt gibt es ein paar verallgemeinernde Zeilen:

Ein Mädchen, das von vielen begehrt wird, sollte den Mann ihrer Wahl heiraten, der, wie sie hofft, auf sie hören und in der Lage sein wird, ihr Freude zu spenden. Wenn ein Mädchen aber aus materiellen Gründen von ihren Eltern an einen reichen Mann verheiratet wird, ohne dabei auf den Charakter und das Aussehen des Bräutigams zu achten oder wenn sie einem Mann gegeben wird, der bereits mehrere Frauen hat, wird sie sich

*Im äußeren Zimmer, das erfüllt von Wohlgerüchen ist, sollte ein Bett stehen, das weich und einladend ist und auf dem ein sauberes weißes Bettuch liegt.*

ihm niemals verbunden fühlen.

Ein Mann mit wenig Verstand, der seine gesellschaftliche Position eingebüßt hat und immerzu auf Reisen geht, verdient nicht, geheiratet zu werden, genauso wie ein Mann, der mehrere Frauen und Kinder hat, dem Sport und Glücksspiel verfallen ist und nur zu seiner Frau kommt, wenn er Lust hat.

Unter all den Geliebten eines Mädchens verdient nur der, ihr Mann zu werden, der Eigenschaften besitzt, die ihr gefallen. Nur ein solcher Mann wird, da er aus Liebe geheiratet wurde, Einfluß auf sie haben.

## DIE EIGENE FRAU

Eine rechtschaffene Frau, die ihren Mann liebt, sollte sich ganz nach seinen Wünschen richten, so als ob er ein göttliches Wesen wäre und sich mit seinem Einverständnis um die ganze Familie kümmern. Sie sollte im Haus Ordnung halten, es mit Blumen schmücken und den Boden polieren, damit alles sauber und einladend wikt. Sie sollte ihr Haus vorn und hinten mit einem Garten umgeben und all die Dinge, die zum Morgen-, Mittags-, und Abendgebet benötigt werden, bereitlegen. Sie selbst sollte am Hausaltar die Familiengottheit verehren, da, wie Gonardiya meint, das Herz eines Hausvaters nichts so sehr erfreut, wie das genaue Einhalten der oben erwähnten Dinge.

Was die Mahlzeiten betrifft, so soll sie nur das zubereiten, was ihrem Gatten schmeckt und was gut für seine Gesundheit ist. Wenn sie das Geräusch seiner Schritte vernimmt, sollte sie sofort aufstehen und bereit sein, alles, was er von ihr verlangt, zu tun.

Wenn sie mit ihrem Mann fortgeht, sollte sie ihren Schmuck anlegen. Sie sollte ohne seine Zustimmung nie Leute einladen oder die Einladungen anderer annehmen, keine Hochzeiten und Opferzeremonien, Freunde oder Tempel besuchen.

Genauso sollte sie sich, erst nachdem er sich gesetzt hat, setzen, aufstehen, bevor er aufsteht und ihn niemals aufwecken, wenn er schläft.

Sollte ihr Mann sich schlecht zu ihr benehmen, so sollte sie ihm keine Vorwürfe machen, auch wenn sie sich gekränkt fühlt. Sie darf keine Schimpfworte benutzen, sondern muß ihn mit versöhnenden Worten tadeln, ganz gleich, ob er sich in Gesellschaft seiner Freunde befindet oder sie allein sind. Darüberhinaus sollte sie nicht zänkisch sein, da ein Mann nichts so sehr wie ein zänkisches Weib haßt. Und schließlich sollte sie keine ordinären Ausdrücke gebrauchen, kein mürrisches Gesicht zur Schau tragen, es meiden, sich vor die Tür zu stellen, um die Vorübergehenden zu beobachten, sich an einsamen Orten aufzuhalten und außerdem sollte sie darauf achten, daß ihr Körper, ihre Zähne, ihre Haare und alles was ihr Eigentum ist, immer sauber und ordentlich ist und frisch duftet.

In der Abwesenheit ihres Mannes, sollte eine Frau nur glückverheißende Schmuckstücke tragen und zu Ehren der Götter fasten. Auch wenn sie sehnsüchtig auf seine Rückkehr wartet, darf sie ihren Haushalt nicht vernachlässigen. Sie sollte in der Nähe der älteren Frauen des Hauses schlafen und sich ihnen gegenüber liebenswürdig verhalten. Sie sollte all die Dinge, an denen ihr Mann Gefallen hat, in Ordnung halten und Arbeiten, die er begonnen hat, weiterführen.

Auch zu diesem Thema gibt es zusammenfassende Zeilen :

Eine Ehefrau soll, ganz gleich, ob sie vornehmer Herkunft, eine verwitwete, wiederverheiratete Jungfrau oder eine Konkubine ist, ein anständiges, ihrem Mann ergebenes Leben führen und alles für sein Wohlergehen tun. Frauen, die sich so verhalten, erfüllen die Lehren des Dharma, Artha und Kama, werden von der Gesellschaft geachtet und haben ihnen ergebene Männer.

## DIE FRAU EINES ANDEREN

Wenn Männer der vier Kasten die Lehre des Kama, so wie in der Heiligen Schrift vorgeschrieben, mit Jungfrauen ihrer eigenen Kaste befolgen, so werden sie zu einem Mittel, legitime Nachkommen zu produzieren, ganz im Sinne der Bräuche dieser Welt.

In ganz besonderen Fällen, nicht aber um allein sinnliche Begierden zu befriedigen, kann man auch von anderen Frauen Gebrauch machen. In solchen Fällen denkt sich ein Mann das folgende:

Diese Frau ist eigensinnig und wurde bereits von anderen Männern benutzt. Deshalb kann auch ich sie benutzen, auch wenn sie aus einer höheren Kaste als ich kommt, ohne damit die Vorschriften des Dharma zu verletzen.

**Oder**

Das ist eine Frau, die bereits zweimal verheiratet war und mit anderen Männern geschlafen hat. Deshalb ist nichts dagegen einzuwenden, wenn ich sie benutze.

**Oder**

Diese Frau hat sich das Herz ihres berühmten und einflußreichen Mannes erobert, der ein Freund meines Feindes ist. Wenn ich sie deshalb verführe, wird sie ihren Mann veranlassen, meinen Feind im Stich zu lassen.

*Eine Frau sollte von Anfang an versuchen, sich das Herz ihres Mannes zu erobern, indem sie ihm ergeben, immer gut gelaunt ist und klug handelt.*

**Oder**
Diese Frau kann die Meinung ihres Mannes, der sehr mächtig ist, zu meinen Gunsten beeinflussen, da er im Augenblick mit mir unzufrieden ist und vorhat, mir zu schaden.

**Oder**
Indem ich mir diese Frau erobere, wird es mir gelingen, einige meiner Feinde in den Ruin zu treiben oder ein kompliziertes Problem zu lösen.

**Oder**
Eine intime Beziehung mit dieser Frau wird ihren Ehemann in den Tod treiben, sodaß ich in den Besitz seiner Reichtümer, auf die ich schon lange ein Auge geworfen habe, gelangen werde.

**Oder**
Eine Beziehung zu dieser Frau ist ungefährlich und kann mir zu Wohlstand verhelfen, den ich nötig habe, weil ich arm bin und mir meinen Lebensunterhalt nicht selbst verdienen kann.

**Oder**
Diese Frau ist wahnsinnig in mich verliebt und kennt alle meine Schwächen. Wenn ich mich weigere, mit ihr ein intimes Verhältnis einzugehen, wird sie meine Schwächen in der Öffentlichkeit breittreten, mich schlecht machen und meinem Ansehen schaden.

**Oder**
Der Mann dieser Frau hat viele meiner Frauen verführt. Deshalb werde ich mich, indem ich seine Frau verführe, an ihm rächen.

**Oder**
Die Frau, in die ich verliebt bin, steht unter dem Einfluß dieser Frau. Deshalb werde ich zunächst sie verführen, um die erstere zu erobern.

**Oder**
Diese Frau kann mir zu einem jungen Mädchen verhelfen, das reich und schön aber unnahbar ist und unter dem Einfluß einer anderen steht.

**Oder**
Mein Feind ist ein Freund des Mannes dieser Frau. Deshalb werde ich beide zusammenbringen, damit sich ihr Mann mit seinem Freund, bzw. meinem Feind verfeindet.

Ein Mann darf die Frau eines anderen verführen, wenn er rettungslos in sie verliebt ist und merkt, daß seine Leidenschaft für sie immer stärker wid. Diese Intensität läßt sich in 10 Stufen messen, die an den folgenden

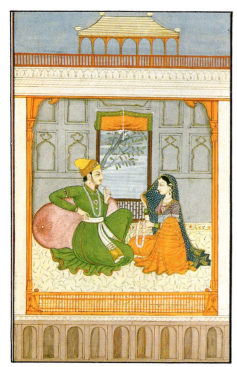

*Ein Mann sollte, indem er sich nach den Neigungen des Mädchen richtet, versuchen, sie für sich zu gewinnen, damit sie ihm ihr Vertrauen und ihr Herz schenkt.*

Zeichen zu erkennen sind:

1. Liebe auf den ersten Blick
2. Er fühlt sich geistig von ihr angezogen.
3. Er muß immerzu an sie denken.
4. Schlaflosigkeit
5. Abmagerungserscheinungen
6. Lustlosigkeit
7. Er verliert jegliches Schamgefühl
9. Geistige Verwirrung
9. Er verliert das Bewußtsein
10. Tod

## DIE FRAUEN DES KÖNIGLICHEN HAREMS

Haremsfrauen können keine anderen Männer sehen oder treffen, da sie streng behütet werden. Ihr Verlangen wird nie befriedigt, da der einzige Mann, dem sie gehören dürfen, mehrere

*Wenn eine Frau gern singt, sollte er sie mit Musik unterhalten und mit ihr im Mondschein Jahrmärkte und Feste besuchen.*

Frauen hat. Aus diesem Grund befriedigen sie sich auf die folgende Art selbst: Nachdem sie die Töchter ihrer Zofen, ihre Freundinnen oder ihre Zofen als Männer verkleidet haben, befriedigen sie sich mit Knollen, Wurzeln und Früchten in Gestalt eines Lingam oder legen sich auf eine männliche Figur mit einem steifen Glied.

## KONKUBINEN

Konkubinen befriedigen ihre Leidenschaft und verdienen sich ihren Lebensunterhalt, indem sie mit Männern Geschlechtsverkehr pflegen. Wenn sich eine Konkubine aus reiner Liebe mit einem Mann einläßt, verhält sie sich ganz natürlich. Wenn sie sich aber einem Mann aus rein materiellen Gründen hingibt, ist ihr Verhalten unnatürlich und wirkt gezwungen. Aber auch in diesem Fall sollte sie sich so benehmen, als ob sie ihn tatsächlich lieben würde, da Männer einer Frau, die sie zu lieben scheint, ihr Vertrauen schenken.

Eine Konkubine sollte niemals der Liebe wegen auf Geld verzichten, da Geld für sie das wichtigste im Leben ist.

Wenn ein Mann sie in ihrem Haus besucht, sollte sie ihn mit einer Mischung aus Betelblättern und Betelnuß, Blumengirlanden und duftenden Salben willkommen heißen und mit ihm eine interessante Unterhaltung beginnen. Sie sollte mit ihm Liebesgeschenke austauschen und ihn mit ihren sexuellen Fertigkeiten erfreuen.

Die folgenden Frauen sind Konkubinen :

Eine Kupplerin

Eine Zofe

Eine schamlose Frau

Tänzerinnen

Künstlerinnen

Frauen, die ihre Familie verlassen haben

Frauen, die sich mit ihrer Schönheit ihren Lebensunterhalt verdienen, und schließlich ganz reguläre Konkubinen.

*Zofen, die ihre Herrin für ein Rendevouz mit ihrem Geliebten zurechtmachen.*

*Gegenüber : Wenn die Liebenden sich im Bett so leidenschaftlich umarmen, daß der eine die Arme und Beine des anderen fest mit seinen Armen und Beinen umschließt, so nennt man das die "Sesamkörner - Reis - Umarmung".*

Die vorgenannten Kurtisanen kennen jede Art von Mann und verstehen, ihm Geld zu entlocken und ihn zufriedenzustellen. Sie können ihn sitzen lassen und sich ihm später erneut nähern.

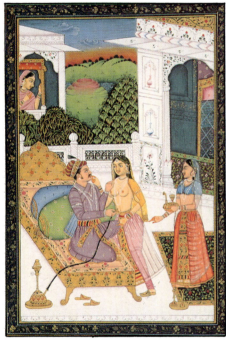

*Ein Mann sollte ein Frau an verschiedenen Stellen leicht berühren und zärtlich mit ihren Körperteilen spielen.*

Dabei müssen sie immer daran denken, daß auch sie mit Verlusten zu rechnen haben.

## Anzeichen der Gefühlsveränderungen

Sobald eine Konkubine merkt, daß sich die Gefühle ihres Liebhabers ihr gegenüber ändern, sollte sie Besitz von seinen wertvollen Dingen ergreifen, noch bevor er etwas von ihrer Absicht merkt und ihr einen angeblichen Gläubiger auf den Hals schicken kann, um ihr diese Dinge gewaltsam wegzunehmen. Falls ihr Geliebter reich ist und sich ihr gegenüber immer anständig benommen hat, sollte sie ihn bis zum Schluß mit Respekt behandeln. Wenn er aber arm und mittellos ist, sollte sie ihn so schnell wie möglich loswerden und so tun, als ob sie nie etwas mit ihm zutun gehabt hätte.

Einen Liebhaber kann man auf folgende Art loswerden:

1. Indem man mit einem höhnischen Lächeln auf den Lippen und einem Aufstampfen der Füße seine Angewohnheiten und Laster als lächerlich und widerlich beschreibt.
2. Indem sie über ein Thema spricht, von dem er nichts versteht.
3. Indem sie seiner Gelehrtheit keine Bewunderung zollt und ihn kritisiert.
4. Indem sie seinen Stolz verletzt.
5. Indem sie die Gesellschaft von Männern, die klüger und erfahrener als er sind, sucht.
6. Indem sie sich ihm gegenüber gleichgültig zeigt.
7. Indem sie Männer, die die gleichen Fehler wie er haben, kritisiert.
8. Indem sie ihrem Unwillen darüber Ausdruck gibt, wie er sich die Zeit vertreibt.
9. Indem sie ihm nicht erlaubt, sie auf den Mund zu küssen.
10. Indem sie ihm nicht erlaubt, ihren Jaghna, den Körperteil zwischen Nabel und Schenkeln, zu berühren.

11. Indem sie über die Verletzungen, die seine Nägel auf ihrem Körper hinterlassen haben, verärgert ist.
12. Indem sie sich nicht an ihn drückt, wenn er sie umarmt.
13. Indem sie sich zum Zeitpunkt des Geschlechtsaktes steif stellt.
14. Indem sie nach ihm verlangt, wenn er erschöpft ist.
15. Indem sie sich über seine Anhänglichkeit lustig macht.
16. Indem sie auf seine Umarmung nicht reagiert.
17. Indem sie absichtlich auf Besuch geht, wenn sie merkt, daß er tagsüber mit ihr schlafen möchte.
18. Indem sie seine Worte falsch auslegt.
19. Indem sie ihre Zofe belustigt anschaut und in die Hände klatscht, wenn er etwas sagt.
20. Indem sie ihn mitten beim Geschichtenerzählen unterbricht und beginnt, selbst eine Geschichte zu erzählen.
21. Indem sie seine Fehler und Schwächen aufzählt und ihn als unverbesserlich bezeichnet.
22. Indem sie darauf achtet, ihn nicht anzuschauen, wenn er sie besuchen kommt.
23. Indem sie ihn um etwas bittet, was er ihr nicht geben kann.
24. Indem sie ihn schließlich davonschickt.

*Bürger, der auf seinem luxuriösen Bett auf seine Geliebte wartet.*

**Seiten 42-43 :** *Die Liebe zwischen Radha und Krishna, ein beliebtes Thema der indischen Malkunst, gilt als Vorbild für alle Liebesbeziehungen.*

**Seiten 44-45 :** *Traditionelle Stellungen beim Geschlechtsakt, die einige Yogakenntnisse voraussetzen.*

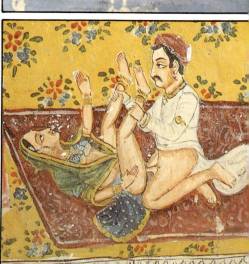
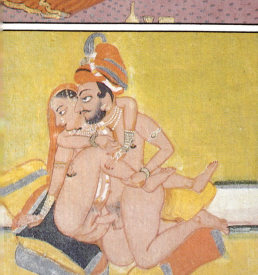

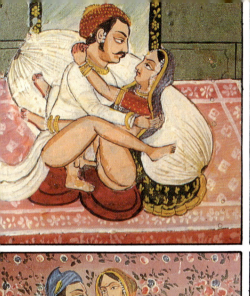

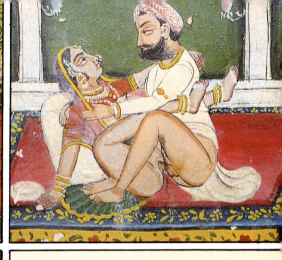

# Die Vereinigung

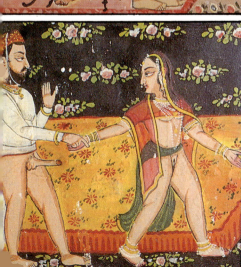

## Das Ideale Paar

Je nach Art des Lingam werden die Männer in drei Gruppen unterteilt: den Hasen-Mann, den Stier-Mann und Pferde-Mann.

*Phantasie beim Liebesspiel füllt das Herz einer Frau mit tiefer Liebe und Freundschaft für ihren Partner.*

Auch Frauen werden nach der Tiefe ihrer Yoni (Scheide) in drei Gruppen unterteilt: weibliches Reh, Stute und weiblicher Elefant.

Deshalb gibt es auch drei gleichwertige geschlechtliche Bindungen zwischen Partnern mit den gleichen geschlechtlichen Merkmalen und sechs ungleiche Bindungen zwischen Partnern mit verschiedenartigen geschlechtlichen Eigenheiten - also insgesamt neun Arten geschlechtlicher Bindungen.

Wenn beim Geschlechtsakt zwischen Partnern verschiedenartiger Geschlechtsorgane das Glied des Mannes um einen Punkt größer als das der Frau ist, so nennt man das eine 'hohe geschlechtliche Bindung'. Andererseits bezeichnet man den Geschlechtsverkehr mit einer Frau, deren Geschlechtsorgan größer als das des Mannes ist, als 'niedere geschlechtliche Bindung'. Der Geschlechtsverkehr zwischen Partnern, bei dem das

| Gleichwertig | |
|---|---|
| **MÄNNER** | **FRAUEN** |
| Hase | Reh |
| Stier | Stute |
| Pferd | Elefant |
| **Verschiedenartig** | |
| Hase | Stute |
| Hase | Elefant |
| Stier | Reh |
| Stier | Elefant |
| Pferd | Reh |
| Pferd | Stute |

Glied des Mannes um zwei Punkte kleiner als das der Frau ist, wird als 'niederste geschlechtliche Bindung' bezeichnet.

In anderen Worten heißt das, daß Pferd und Stute, Stier und Reh eine gute geschlechtliche Vereinigung ergeben, während Pferd und Reh die höchste Form geschlechtlicher Bindung darstellen. Von weiblicher Seite betrachtet stellen Elefant und Stier, Stute und Hase eine Bindung niederer Art dar, während eine Bindung zwischen Elefant und Hase die niedrigste ist.

| Gleichwertig | |
|---|---|
| MÄNNER | FRAUEN |
| Klein | Klein |
| Mittelmäßig | Mittelmäßig |
| Intensiv | Intensiv |
| Klein | Intensiv |
| Klein | Mittelmäßig |
| Mittelmäßig | Klein |
| Mittelmäßig | Intensiv |
| Intensiv | Klein |
| Intensiv | Mittelmäßig |

Je nach der Größe des Geschlechtsorganes gibt es neun Arten von Geschlechtsakt. Derjenige zwischen gleichwertigen Partnern gilt als der beste, der zwischen Partnern mit genau entgegengesetzten Größen als schlechtester, während der Rest von mittlerer Intensität ist.

Je nach Stärke der Leidenschaft und des geschlechtlichen Verlangens wird der Liebesakt in neun Arten wie folgt aufgeteilt:

Ein Mann wird als Mann von schwacher Leidenschaft beschrieben, wenn er zum

*Liebende in einer ungewöhnlichen Stellung, die völlig ausgewogen wirken.*

Zeitpunkt der Geschlechtsakts kein großes Verlangen verspürt, sein Samenfluß spärlich ist und ihm die leidenschaftlichen

Umarmungen der Frau zuwider sind.

Diejenigen, die launisch sind, werden als Männer von durchschnittlicher Leidenschaft bezeichnet, während diejenigen, die sehr leidenschaftlich sind, auch ein großes Verlangen verspüren.

Genauso wie die der Männer, lassen sich die Gefühle der Frauen in drei Gruppen unterteilen.

Und schließlich gibt es je nach der Dauer des Geschlechtsaktes drei Arten von Männern und Frauen: Diejenigen, die nur kurze Zeit benötigen; diejenigen, bei denen es etwas länger dauert und diejenigen, die sehr lange brauchen.

Obwohl man verschiedener Meinung ist, meint Vatsyayana, daß der weibliche Samenfluß der gleiche wie der männliche ist.

Die Gefühle einer Frau über den Liebesakt aber sind anders als die eines Mannes. Die verschiedenen Rollen, die dabei

*Ein natürliches Verlangen kann künstlich gesteigert werden.*

der Mann und die Frau spielen liegen in der Natur des weiblichen und männlichen Geschlechts begründet, weshalb der Mann eine aktive und die Frau eine passive Rolle spielt.

Daraus ergeben sich auch die verschiedenen Empfindungen auf dem Höhepunkt der geschlechtlichen Vereinigung. Während der Mann denkt 'diese Frau ist mit mir vereint' denkt die Frau 'ich bin mit diesem Mann vereint'.

Männer und Frauen haben verschiedene Aufgaben zu erfüllen, da sie aber dem gleichen Zweck dienen, verspüren sie die gleiche Art von Freude. Deshalb sollte ein Mann eine Frau heiraten, die ihn auch später weiterlieben wird.

Da Männer und Frauen die gleiche Art von Befriedigung empfinden, gibt es je nach Dauer neun Arten von Geschlechtsakt, in der gleichen Art, wie die Intensität der Leidenschaft in neun Gruppen unterteilt werden kann.

Bei der ersten sexuellen Vereinigung ist die Leidenschaft des Mannes von großer Intensität und er braucht nur kurze Zeit. Bei darauffolgenden Gelegenheiten am gleichen Tag ist das Umgekehrte der Fall.

Bei der Frau trifft das Gegenteil zu, da sie beim ersten Mal noch nicht die gleiche Leidenschaft wie später verspürt und deshalb länger benötigt. Wird der Geschlechtsverkehr aber am gleichen Tag wiederholt, so steigert sich ihre Leidenschaft und sie braucht nur kurze Zeit, ihre Lust zu befriedigen.

## ZUR UMARMUNG

Es gibt vier Arten von Umarmungen, mit denen Mann und Frau ihr Verlangen füreinander zum Ausdruck bringen:

1. Stellt sich ein Mann unter irgendeinem Vorwand vor oder neben eine Frau und berührt ihren Körper mit dem seinen, so nennt man das eine 'flüchtige' Umarmung.

2. Beugt sich eine Frau an einem einsamen Ort vor einem Mann, der vor ihr sitzt oder steht, nach unten und berührt ihn dabei 'zufällig' mit ihren Brüsten und er greift verstohlen nach ihr, so nennt sich das eine 'scharfe' Umarmung.

*Die Umarmung - Zeichen gegenseitiger Liebe.*

3. Wenn zwei Liebende ihren Körper gegeneinander pressen, so bezeichnet man das als "gegeneinander reibende" Umarmung.

4. Drückt einer der beiden Partner den Körper des anderen gewaltsam gegen eine Wand oder Säule, so nennt man das eine 'drückende' Umarmung.

Wenn sich Liebende treffen, schließen sie sich auf folgende Art in die Arme:

1. Wenn eine Frau ihren Geliebten wie eine Kletterpflanze umschlingt, ihren Kopf, mit dem Wunsch, ihn zu küssen nach unten neigt und ihn zärtlich anblickt, so bezeichnet man diese Umarmung als das 'Umschlingen einer Kletterpflanze.'

*Gegenüber : Wenn eine Frau so tut, als wolle sie an ihrem Geliebten hinaufklettern, um sich einen Kuß zu holen, so nennt man diese Umarmung das 'Erklettern eines Baumes'.*

2. Wenn eine Frau, nachdem sie einen ihrer Füße auf den ihres Geliebten und den anderen auf seinen Schenkel gesetzt hat, einen ihrer Arme ihm um den Rücken und den anderen auf seine Schultern legt, so als ob sie an ihm hinaufklettern wolle, um sich einen Kuß zu holen, so nennt sich diese Umarmung das 'Erklimmen eines Baumes'.

3. Wenn die Geliebten auf dem Bett liegen und sich so fest umarmen, daß die Arme und Beine des einen die Arme und Beine des anderen fest umklammern, so bezeichnet man diese Umarmung als 'die Sesamkörner - Reismischung.'

4. Wenn ein Mann und eine Frau rasend ineinander verliebt sind und sich nichts daraus machen, Schmerzen zu verspüren und sich so umarmen, als wollten ihre Körper miteinander verschmelzen, so nennt man diese Umarmung 'Milch und Wasser.'

Das Thema der Umarmungen ist solcher Art, daß Männer, die darüber Fragen stellen oder davon sprechen, unweigerlich geschlechtliche Gelüste zu spüren beginnen. Auch Umarmungen, die nicht erwähnt wurden, aber Lust und Leidenschaft wecken, sollten praktiziert werden.

## ZUM KÜSSEN

Für junge Mädchen gibt es drei Arten von Küssen :

1. **Der flüchtige Kuß :** Wenn ein Mädchen den Mund ihres Geliebten nur flüchtig mit ihren Lippen berührt, selbst aber nichts weiter tut, so bezeichnet man das als 'flüchtigen Kuß.'

2. **Der erregte Kuß :** Wenn ein Mädchen etwas von ihrer Scheu ablegt und sich wünscht, die Lippen, die auf ihren Mund gepreßt werden, zu berühren und deshalb ihre Unter- nicht aber Oberlippe bewegt, so nennt man das den 'erregten Kuß'.

3. **Der Berührungskuß :** Wenn

ein Mädchen die Lippen ihres Geliebten mit ihrer Zunge berührt und mit geschlossenen Augen ihre Hände in die ihres Geliebten legt, so nennt man das einen 'Berührungkuß'.

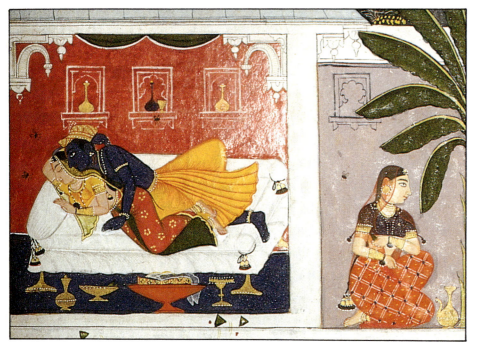

*Auch Umarmungen, die nicht im Kama Shastra erwähnt werden, sollten praktiziert werden.*

Andere Autoren beschreiben vier zusätzliche Arten von Küssen:

1. **Der direkte Kuß :** Wenn die Lippen zweier Liebenden direkt miteinander in Berührung gebracht werden, so nennt man das einen 'direkten Kuß'.
2. **Der gebeugte Kuß :** Wenn zwei Liebende die Köpfe einander zuneigen und sich in dieser Stellung küssen, so nennt man das einen 'gebeugten' Kuß.
3. **Der 'nach oben gewandte' Kuß:** Wenn einer das Gesicht des anderen zwischen Kopf und Kinn zu sich nach oben wendet und dann geküßt wird, so nennt man das einen 'nach oben gewandten Kuß'.
4. **Der Preßkuß :** Und letzlich, wenn man den Geliebten fest an sich drückt und küßt, so nennt man das einen 'Preßkuß'.

Es gibt noch einen fünften Kuß und zwar den 'Intensiven Preßkuß', bei dem man die Unterlippe zwischen zwei Finger nimmt und, nachdem man sie mit der Zunge berührt hat, fest die Lippe darauf drückt.

Wenn ein Mann die Oberlippe einer Frau küßt, während sie seine Unterlippe küßt, so nennt sich das der 'Kuß der Oberlippe'.

Wenn einer der beiden die Lippen des anderen zwischen seine bzw. ihre Lippen nimmt, so nennt sich das 'ein fest umklammernder Kuß'.

Einen solchen Kuß läßt sich eine Frau aber nur von einem

Mann ohne Schnurrbart gefallen. Und wenn bei einem solchen Kuß mit der Zunge die Zähne, Zunge und der Rachen des anderen berührt wird, so nennt man das 'Zungenkampf'.

Die Intensität eines Kusses läßt sich in vier Kategorien einteilen und zwar in mild, mit Druck, kurz und sanft. Die Art von Kuß richtet sich nach den verschiedenen Körperteilen, die geküßt werden.

Betrachtet eine Frau ihren Geliebten, während er schläft und küßt ihn, um ihn ihre Absicht und ihr Begehren wissen zu lassen, so nennt man das einen 'Kuß, der die Leidenschaft entflammt'.

Küßt eine Frau einen Mann, während er in seine Arbeit vertieft ist, wenn er sich mit ihr streitet oder während er seinen Blick auf etwas anderes gerichtet hat, um ihn abzulenken, so bezeichnet man das als 'Ablenkungskuß'.

Wenn der Geliebte spät nachts nach Hause kommt und seine Geliebte, die bereits schläft, küßt, um ihr sein Verlangen zu zeigen, so nennt man das einen 'Kuß zum Aufwachen'. Zu solchen Anlässen kann sich eine Frau bei Ankunft ihres Geliebten schlafend stellen, um ihm Gelegenheit zu geben, ihr seine Absichten klar zu machen. Küßt eine Person das

*Wenn einer der Liebenden die Lippen, Augen und Stirn des anderen berührt, so nennt man das die 'Umarmung mit der Stirn'.*

Abbild eines Menschen, den sie liebt, im Spiegel oder Wasser oder den Schatten an der Wand, so nennt man das 'einen Kuß, der eine gewisse Absicht verrät'. Wenn ein Mann abends im Theater oder in Gesellschaft anderer Männer auf eine Frau zuschreitet, um die Finger ihrer Hand, wenn sie steht oder die Zehen ihres Fußes, wenn sie sitzt, zu küssen oder wenn eine Frau, die den Körper ihres Geliebten massiert, ihr Gesicht

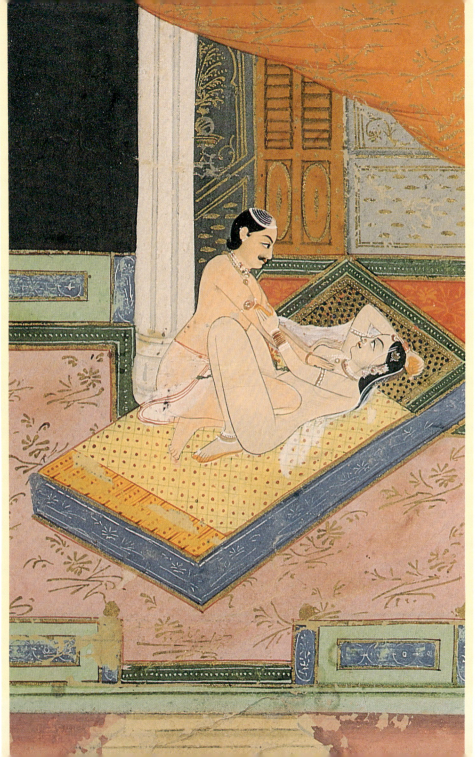

auf seinen Schenkel oder großen Zeh legt, so nennt man das einen 'demonstrativen Kuß'.

Zu diesem Thema gibt es außerdem die folgenden Zeilen: All das, was einer der Liebenden tut, sollte vom anderen wiederholt werden; d.h. wenn er von der Frau geküßt wird, sollte auch er sie küssen, wenn sie ihn schlägt, sollte auch er sie schlagen.

### DAS KRATZEN MIT FINGERNÄGELN UND IHR DRÜCKEN AUF DIE HAUT

Wenn sich die Liebe zu vertiefen beginnt, beginnt man, die Nägel auf die Haut des anderen zu drücken oder den Partner mit ihnen zu kratzen. Das geschieht zu folgenden Anlässen: Beim ersten Besuch, vor Antritt einer Reise, bei der Rückkehr von einer Reise, wenn man sich nach einem

*Während die Frau mit dem Liebesakt beschäftigt ist, kann der Mann sie mit dem Handrücken zwischen ihren Brüsten schlagen.* **Vorherige Seiten 54-55**: *Lord Krishna mit seiner innig geliebten Radha in einer idyllischen Umgebung.*

Streit versöhnt hat und schließlich, wenn eine Frau berauscht ist.

Das Drücken der Nägel auf das nackte Fleisch ist nicht sehr üblich, mit Ausnahme extrem leidenschaftlicher Menschen.

Je nach Art der Spuren, die dabei auf der Haut hinterlassen werden, gibt es die folgenden Arten:

1. Ein Geräusch produzierend
2. Halbmond
3. Kreis
4. Linie
5. Tigerkralle
6. Pfauenfuß
7. Hasensprung
8. Lotosblatt

Die Fingernägel können auf die folgenden Körperstellen gepreßt werden: Achselhöhlen, Hals, Brüste, Lippen, Jaghana bzw. Rumpf und Schenkel. Dazu meint Suvarnanabha daß, wenn die Leidenschaft ihren Höhepunkt erreicht hat, es ganz gleich ist, auf welche Körperteile man die Nägel preßt.

Es können aber auch andere als die oben genannten Spuren mit den Nägeln auf der Haut hinterlassen werden, da die alten Autoren meinen, daß es, nachdem es zahlreiche junge Männer gibt, die Meister der Liebeskunst sind, es auch zahlreiche Möglichkeiten gibt, diese Spuren zu bewirken.

Die Liebe einer Frau, die diese Flecken auf ihren

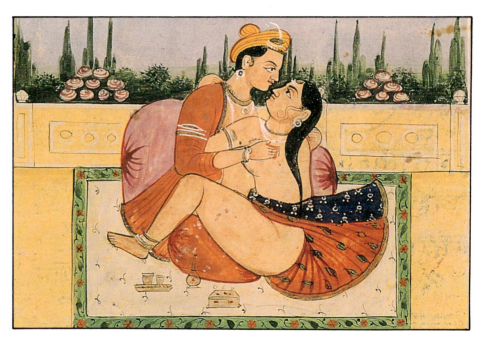

*Bei der 'Umarmung des Jaghana' preßt der Mann den Rumpf der Frau an seinen Körper, während das offene Haar der Frau ihren Körper umfließt.*

Geschlechtsteilen sieht, auch wenn diese bereits verblaßt sind, wird aufs Neue entfacht. Gibt es keine Zeichen am Körper, auch nicht alte, die an eine leidenschaftliche Liebesbeziehung erinnern, beginnt auch die Liebe allmählich zu erlöschen, so als ob für lange Zeit kein Geschlechtsverkehr stattgefunden hätte.

Ein Mann, an dessen Körper

die Spuren von Fingernägeln und Bißstellen zu sehen sind, beeindruckt eine Frau, und läßt sie wankelmütig werden, auch wenn sie noch so standhaft ist. Kurzum, nichts ist förderlicher für die Liebe, als das Hinterlassen von Kratz-und Bißpuren auf der Haut.

## Zum Biß

Alle Stellen, die geküßt werden, können auch gebissen werden, mit Ausnahme der Oberlippe, der Mundhöhle und der Augen.

Dabei gibt es die folgenden Arten von Bissen:

Der verborgene Biß
Der angeschwollene Biß
Der Punkt
Die Punktlinie
Koralle und Juwel
Juwelenlinie
Eine zerrissene Wolke
Der Biß eines Ebers

1. Ein Biß, der nur an der Rötung der Haut zu erkennen ist, nennt sich 'die verborgene Waise'.

2. Wenn die Haut zu beiden Seiten eingedrückt ist, so nennt man das einen 'angeschwollenen Biß'.

3. Wenn auf der Haut die Abdrücke von zwei Zähnen zu sehen sind, so nennt man das einen 'Punkt'.

4. Wenn sämtliche Zahnabdrücke auf einem kleinen Stück Haut zu sehen sind, so nennt man das eine 'Punktlinie'.

5. Ein Biß, bei dem Zähne und Lippen zusammengebracht werden, nennt sich 'Koralle und Juwel', wobei die Lippen die Koralle und die Zähne das Juwel sind.

6. Wenn mit sämtlichen Zähnen gebissen wird, so nennt man das eine 'Juwelenlinie'.

7. Ein kreisförmiger Biß mit ungleichen Erhebungen, die von den Lücken zwischen den Zähnen verursacht werden, nennt sich 'zerrissene Wolke'. Diese Art von Biß ist hauptsächlich auf der Brust zu finden.

8. Ein Biß, bei dem mehrere breite Streifen mit eng aneinander liegenden Eindrücken mit roten Zwischenräumen zu sehen ist, nennt sich der 'Biß eines Ebers'. Diese Art von Biß ist

*Wenn Mann und Frau sich gegeneinander lehnen und im Stehen den Geschlechtsakt vollziehen, so nennt man das den 'abgestützten Liebesakt'.*

für Brüste und Schultern bestimmt und typisch für Menschen von ungewöhnlich großer Leidenschaft.

Von den oben aufgeführten Dingen wie Umarmung, Kuß usw. sollen die zuerst getan werden, die die Leidenschaft entfachen. Die, die nur zur Abwechslung oder zum Vergnügen dienen, sollten für später aufgehoben werden.

### DIE VERSCHIEDENEN MÖGLICHKEITEN DES HINLEGENS UND GESCHLECHTSAKTES

Wenn die Beine des Mannes und der Frau ausgestreckt übereinander liegen, so nennt man das die 'umklammernde Stellung', wobei man auf der Seite oder auf dem Rücken liegen kann. In der seitlichen Stellung sollte der Mann immer auf der linken Seite liegen und die Frau auf der rechten. Das gilt für jeden Frauentyp. Wenn die Frau nach Beginn des Liebesaktes in dieser Stellung ihren Geliebten mit ihren Schenkeln an sich preßt, so nennt man das die 'aneinander pressende Stellung'. Wenn die Frau einen ihrer Schenkel über den Schenkel ihres Liebhabers legt, so nennt man das 'die verschlungene Stellung'. Wenn die Frau das Glied des Mannes gewaltsam in ihrer Yoni festhält, so nennt man das die 'Stellung einer Stute'. Das kann aber nur nach längerer Praxis erlernt werden und ist hauptsächlich bei den Frauen des Landes Andhra zu finden.

Die oben erwähnten Stellungen

*Mit Einverständnis des Mannes kann sich die Frau auf den Mann legen, um seine Neugierde oder ihren Wunsch nach etwas Neuem zu befriedigen.*

sind die von Babhravyaya aufgeführten. Suvarnanabhaya fügt noch die folgenden hinzu:

Wenn der weibliche Partner

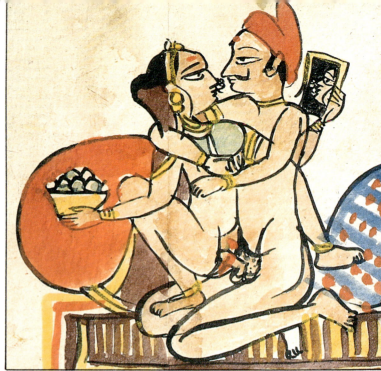
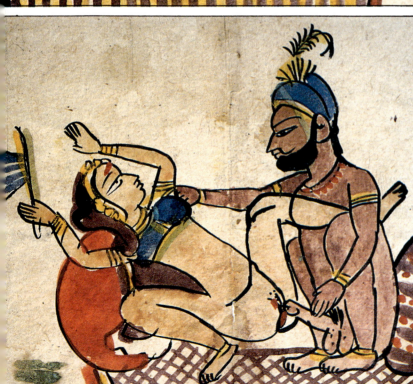

beide Beine hoch in die Luft hebt, so nennt man das die 'erhobene Stellung'.

Hebt sie beide Beine in die Höhe und legt sie auf die Schultern ihres Geliebten, so nennt man das die weit offene (gähnende) Stellung.

Sind ihre Beine angewinkelt und werden von ihrem Liebhaber vor die Brust gehalten, so nennt man das eine 'aneinander gepreßte Stellung'. Wenn dabei nur eines ihrer Beine ausgestreckt ist, so nennt man das eine 'halb gepreßte Stellung'.

Wenn die Frau eines ihrer Beine auf die Schulter ihres Geliebten legt und das andere ausstreckt und dann umgekehrt das andere Bein auf die Schulter legt und das erstere ausstreckt und das immerzu wiederholt, so nennt man das 'das Spalten eines Bambus'.

Liegt eines ihrer Beine auf dem Kopf ihres Geliebten und das andere ist ausgestreckt, so nennt

**Vorderseite:** *Eine einfallsreiche Person sollte den Koitus auf verschiedene Arten ausüben.*

man das, das 'Einschlagen eines Nagels'. Diese Stellung kann nur mit viel Übung gemeistert werden. Zieht eine Frau beide Beine bis zum Bauch an, so nennt man das die 'Krebsposition'.

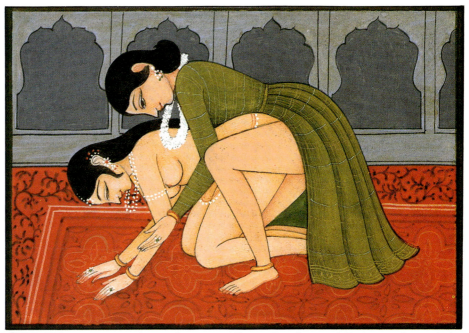

*Wenn eine Frau vornüber gebeugt auf ihren Händen und Füßen steht und der Mann sie wie ein Stier von hinten nimmt, so nennt man das den 'Akt einer Kuh'.*

Werden die Schenkel gehoben und aufeinander gelegt, so nennt man das die 'gebündelte Stellung'. Werden die Schienenbeine aufeinander gelegt, so nennt man das die 'Lotosstellung'. Wenn sich der Mann während des Geschlechtsaktes herumdreht ohne sein Glied aus der Scheide zu nehmen, und sie ihn von hinten umarmt so nennt man das die 'sich drehende Stellung', die nur mit viel Übung erlernt werden kann.

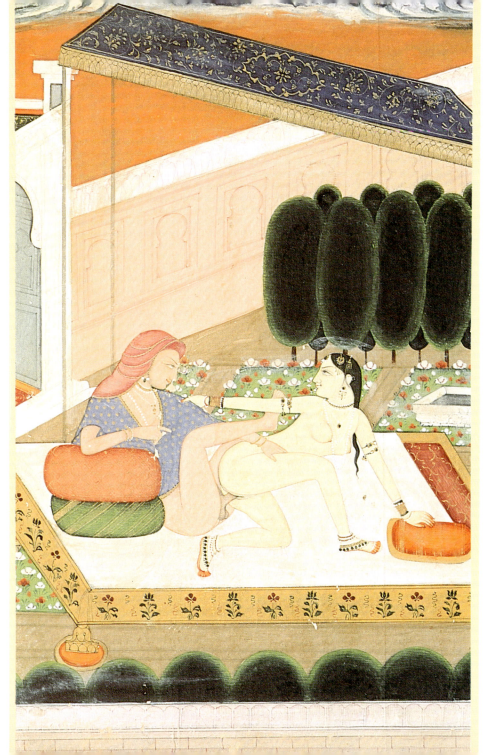

Dazu meint Suvarnanabha, daß die verschiedenen Möglichkeiten des Liegens, Stehens und Sitzens während des Geschlechtsaktes im Wasser einfacher zu erlernen sind. Vatsyayana meint aber, daß es sich nicht geziemt, den Liebesakt im Wasser zu vollziehen, da das vom heiligen Gesetz verboten ist.

Wenn ein Mann und eine Frau sich gegenseitig abstützen, oder sich an eine Säule oder Wand lehnen, so nennt man das den 'abgestützten Geschlechtsakt'.

Wenn sich der Mann gegen eine Wand lehnt und die Frau auf seinen zusammengefalteten Händen sitzt, ihre Arme um seinen Hals legt und ihre Beine um seine Hüften schlingt und ihre Hüften bewegt, indem sie sich mit ihren Füßen von der Wand abstößt, so nennt man das den 'schwebenden Geschlechtsakt'.

Wenn eine Frau vornüber gebeugt auf ihren Füßen und

*Für einige der von Vatsyayana beschriebenen Stellungen werden Kissen benötigt.*

Händen steht und der Mann sie wie ein Stier nimmt, so nennt man das den 'Akt einer Kuh'. All das, was man sonst mit dem Busen macht, soll man mit ihrem Rücken machen.

Auf gleiche Art kann man den Paarungsakt eines Hundes, einer Ziege, eines Rehes, eines Esels, einer Katze, eines Tigers, eines Elefanten, eines Ebers und Pferdes nachvollziehen.

Geht ein Mann mit zwei Frauen gleichzeitig ins Bett, die ihn beide lieben, so nennt man das den 'gemeinsamen Geschlechtsakt'. Vollzieht ein Mann den Geschlechtsakt mit mehreren Frauen, so nennt man das die 'Paarung einer Herde von Kühen'. In Gramaneri gibt es junge Männer, die mit der Frau eines ihrer Freunde entweder nacheinander oder zur gleichen Zeit Geschlechtsverkehr pflegen. Während einer sie festhält, dringt der andere in sie, ein dritter benützt ihren Mund, ein vierter hält ihren Rumpf. Auf diese Art erfreuen sie sich nacheinander an all ihren Körperteilen.

Das gleiche kann getan werden, wenn mehrere Männer mit einer Konkubine zusammen sind oder wenn eine Konkubine mit mehreren Männern allein ist. Auf gleiche Art können sich auch die Frauen eines königlichen Harems, wenn sie zufällig Hand an einen Mann legen, vergnügen. Die Menschen in den südlichen Landesteilen bedienen sich auch des Afters zum Geschlechtsverkehr, was man als 'niedrige Paarung' bezeichnet.

## Die verschiedenartigen Schläge und Die dazugehörigen Laute

Der Geschlechtsakt kann auch mit einem Streit verglichen werden. Deshalb auch ist es erlaubt, den anderen Partner zu schlagen und zwar an den folgenden Stellen:

Schultern
Kopf
Zwischen den Brüsten
Rücken
Jaghna bzw. Rumpf
Körperseiten

Es gibt vier Arten von Schläge:

1. Schläge mit dem Handrücken

*Wenn Mann und Frau sich gegeneinander lehnen und im Stehen den Geschlechtsakt vollziehen, so nennt man das den 'abgestützten Liebesakt'*

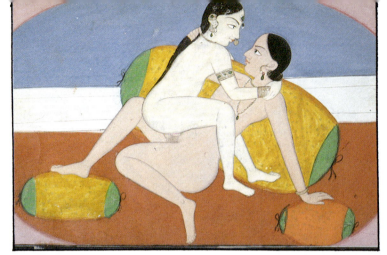

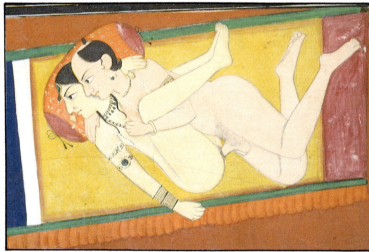

2. Schläge mit leicht gekrümmmten Fingern
3. Schläge mit der Faust
4. Schläge mit der offenen Handfläche

Da Schläge Schmerzen verursachen, werden sie unweigerlich von Lauten begleitet, die diesen Schmerz auf acht verschiedene Arten zum Ausdruck bringen.

   Der Laut Hin
   Ein donnernder Laut
   Ein gurrender Laut
   Weinen
   Der Laut Phut
   Der Laut Phat
   Der Laut Sut
   Der Laut Plat

Außerdem werden Worte, die etwas bedeuten wie 'Mutter' ausgerufen oder Worte, die etwas Verbotenes, den Wunsch nach

*Beim Geschlechtsakt sollte man sich nach den im Lande üblichen Gepflogenheiten und den Wünschen des Partners richten, wenn man von einer Frau respektiert und geliebt werden möchte.*

Erlösung, Schmerz oder Wonne, ausdrücken, denen Laute wie die eines Kuckucks, einer Taube, eines Papageien, einer Biene, Wachtel, eines Spatzen oder einer Ente hinzugefügt werden können, ausgestoßen.

Zu diesem Thema gibt es die folgenden Zeilen:

> Diese Dinge können weder genau erfasst werden, noch gibt es für sie bestimmte Regeln. Hat das Liebesspiel erst einmal begonnen, werden alle weiteren Handlungen von der sich steigernden Leidenschaft bestimmt.

## FRAUEN IN DER ROLLE DES MANNES

Merkt eine Frau, daß ihr Geliebter nach wiederholtem Geschlechtsakt, ohne befriedigt zu sein, erschöpft ist, sollte sie ihn mit seiner Erlaubnis auf den Rücken legen und ihm helfen, indem sie seine Rolle übernimmt. Sie kann das aber auch tun, um die Neugier ihres Liebhabers oder ihren Wunsch nach etwas Neuem zu befriedigen.

An den folgenden Anzeichen kann erkannt werden, ob es der Frau Vergnügen bereitet hat und sie befriedigt ist: ihr Körper entspannt sich, sie schließt die Augen, legt ihre Scheu ab und zeigt ihr Verlangen nach Vereinigung beider Geschlechtsorgane. Empfindet sie andererseits keine Freude und wird nicht zufriedengestellt, so erlaubt sie dem Mann nicht aufzustehen, ihre Hände zittern, sie fühlt sich betrogen, deprimiert, beißt ihren Partner, stößt ihn und bewegt, nachdem der Mann bereits seinen Orgasmus erreicht hat, weiter ihre Hüften. In solchen Fällen sollte der Mann ihre Yoni mit seiner Hand und seinen Fingern reizen, bis sie weich und geschmeidig ist und sein Glied in ihre Scheide einführen.

*Seite 66 : Wenn die Frau ihre Schenkel ihrem Geliebten auf die Schultern legt, so nennt man das die "Weit offene (gähnende) Stellung". Wenn ihre Beine aber zusammengefaltet sind und der Geliebte sie sich vor seine Brust hält, so nennt man das die "zusammengepreßte Stellung."*
*Seite 67 : Wenn sie ihre Schenkel in die Höhe hebt und weit auseinander hält, so nennt man das die "Weit offene (gähnende) Stellung".*

*Wenn der Lingam in der Hand gehalten und in der Yoni gedreht wird, so nennt man das 'Aufwühlen'.*

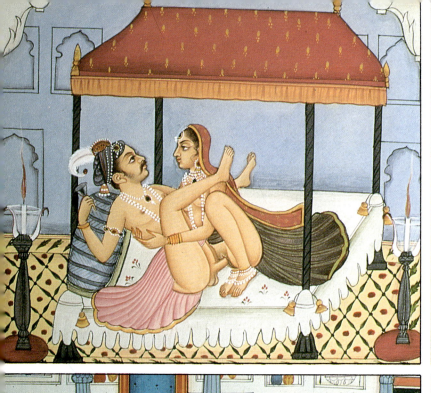
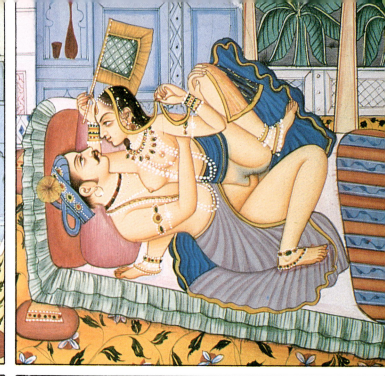
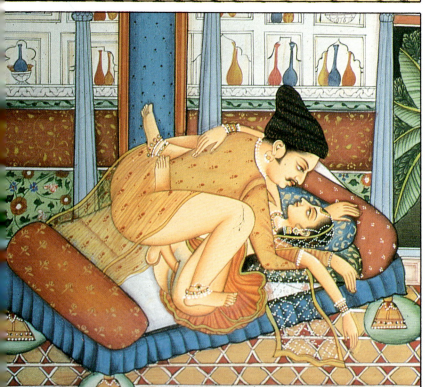
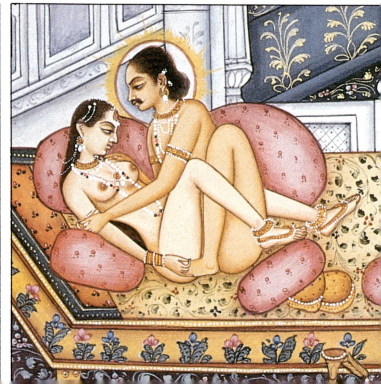

Von den Männern werden dabei die folgenden Bewegungen ausgeführt:

Vorwärtsbewegungen
Reiben oder drehen
Stechende Bewegungen
Festes Anpressen
Einen Stoß versetzen
Der Stoß eines Ebers
Der Stoß eines Stieres
Verspielte, spatzenartige Bewegungen

1. Wenn beide Geschlechtsorgane direkt und vollständig zusammengeführt werden, so nennt man das 'Vorwärtsbewegen der Organe'.
2. Wenn der Lingam in der Hand gehalten und wie ein Kreisel gedreht wird, so nennt man das 'Aufwühlen'.
3. Wenn die Yoni gesenkt wird und mit dem Lingam gegen ihren oberen Teil gestoßen wird, so nennt man das 'Stechen'.
4. Wenn das gleiche am unteren Teil der Yoni geschieht, so nennt man das 'Reiben'.
5. Wenn der Lingam längere Zeit auf die Yoni gedrückt wird, so nennt man das 'Drücken'.
6. Wenn der Lingam ein Stück aus der Yoni herausgenommen und dann kräftig hineingestoßen wird, so nennt man das 'einen Stoß versetzen'.
7. Wenn der Lingam nur gegen einen bestimmten Teil der Yoni gerieben wird, so nennt man das den 'Stoß eines Ebers'.
8. Wenn beide Seiten der Yoni mit dem Lingam gereizt werden, so nennt man das 'den Stoß eines Stiers'.
9. Wenn der Lingam in der Yoni steckt und schnell auf und ab bewegt wird, ohne herausgenommen zu werden, so nennt man das 'Spiel des Spatzen'. Das bildet gewöhnlich den Abschluß des Liebesaktes.

Übernimmt eine Frau die Rolle des Mannes, so muß sie zusätzlich zu den oben genannten die folgenden Dinge tun:

Zange
Kreisel
Schaukel

*Gegenüber : Pflicht einer Konkubine ist es, den Mann sexuell aufs Beste zu befriedigen. Sie sollte sich gut im Kama Shastra auskennen.*

*Ein Mann sollte auf den Ort, Zeitpunkt und die Methode, die er anzuwenden gedenkt und darauf, ob sie ihm und seiner Partnerin auch zusagt, achten.*

1. Wenn eine Frau das Glied in ihre Yoni eingeführt hat, es nach innen zieht, fest andrückt und auf diese Art längere Zeit verweilt, so nennt man das 'Zange'.

2. Wenn sie sich während des Liebesaktes wie ein Rad dreht, so nennt man das 'Kreisel'. So etwas kann nur nach längerer Übung gemeistert werden.

3. Wenn der Mann seinen Rumpf nach oben drückt und die Frau sich umdreht, so nennt man das 'Schaukel'.

Zu diesem Thema gibt es außerdem die folgenden Zeilen:

> Obwohl Frauen reserviert sind und ihre Gefühle für sich behalten, offenbaren sie, wenn sie oben auf einem Mann liegen, ihr Verlangen und ihre Liebe für ihn.

*Junge Frauen sollten sich vor ihrer Hochzeit mit dem Kama Sutra, seinen Künsten und Wissenschaften befassen, damit ihnen später ihre Männer günstig gesinnt sind, auch wenn sie außer ihnen noch viele andere Frauen haben.*

Ein Mann sollte am Verhalten der Frau zu deuten wissen, in welcher Stimmung sie sich befindet und wie sie gern genommen werden möchte.

Eine Frau, die menstruiert, eine Frau im Kindbett und eine dicke Frau sollte nicht aufgefordert werden, die Rolle eines Mannes zu übernehmen.

## Der Geschlechtsverkehr mit dem Mund

Es gibt zwei Arten von Eunuchen und zwar die, die als Männer auftreten und die, die sich als Frauen verkleiden. Eunuchen, die Frauen nachahmen, tragen ihre Kleidung und ahmen ihre Sprache, ihre Bewegungen, Gesten, Empfindlichkeit, Zartheit und Verschämtheit nach. Die Dinge, die man gewöhnlich am mittleren Körperteil, dem Jaghna tut, werden im Mund dieser

*Ein Liebesakt zwischen zwei ineinander verliebten Menschen, bei dem sich der eine nach den Wünschen des anderen richtet, nennt sich impulsiver Liebesakt.*

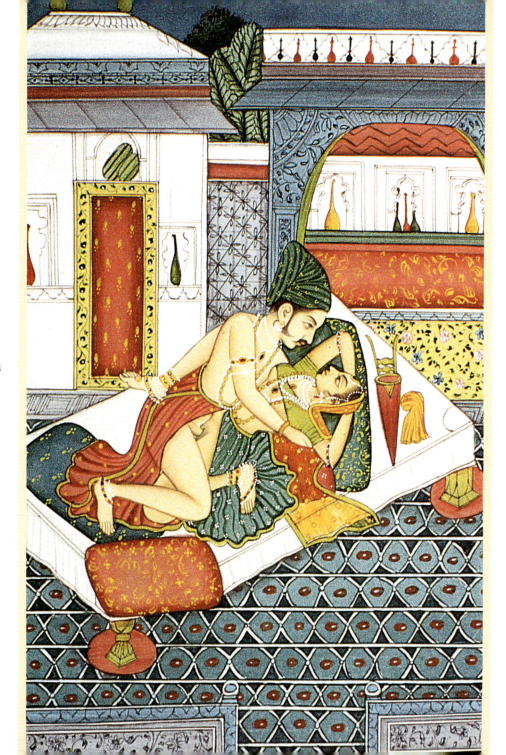

Eunuchen getan, was man Auparishtaka nennt. Die Eunuchen befriedigen auf diese Art ihre Gelüste und führen das Leben von Konkubinen.

Eunuchen, die als Männer auftreten, halten ihre Wünsche geheim. Wenn sie etwas tun möchten, so sind sie als Masseure tätig. Unter dem Vorwand einer Massage umarmt ein solcher Eunuch die Schenkel des Mannes, den er massiert und zieht sie zu sich heran. Danach berührt er die Gelenke und den Jaghna bzw. mittleren Körperteil. Wenn er feststellt, daß das Glied des Mannes sich versteift hat, massiert er es mit seinen Händen und neckt ihn, daß er sich in einem solchen Zustand befindet. Hat der Mann die Absicht des Eunuchen erkannt und untersagt ihm weiterzumachen, fährt der Eunuch nach eigenem Gutdünken fort und beginnt den Sexualakt. Wird ihm das aber von dem Mann befohlen, so sträubt er sich

*Gegenüber : Liebespaar in einer ungewöhnlichen Stellung, die von Vatsyayana als 'gehobener Kuß' beschrieben wird.*

zunächst und gibt erst nach langem Zureden nach.

Danach hat der Eunuch nacheinander die folgenden acht Dinge zu tun:

Das Drücken von innen
Küssen
Reiben
Lutschen einer Mangofrucht
Hinunterschlucken

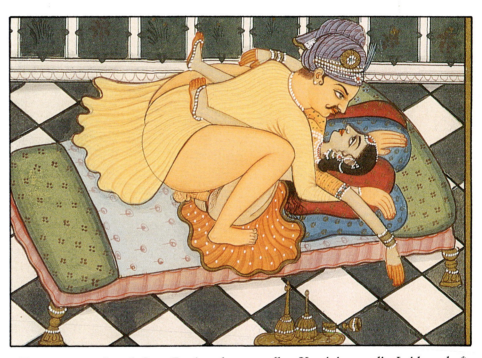

*Vatsyayana meint, daß zu Beginn der sexuellen Vereinigung die Leidenschaft der Frau noch nicht entfacht ist und sie die starken Stöße ihres Partners kaum ertragen kann, sich ihre Leidenschaft aber allmählich steigert, bis sie sich kaum noch ihres Körper bewußt ist.*

Der direkte Akt
In die Seiten beißen
Das Drücken von außen

Nach Beendigung eines jeden dieser Schritte, äußert der Eunuch den Wunsch, aufzuhören.

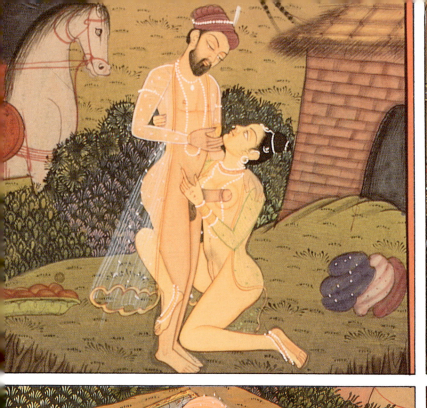

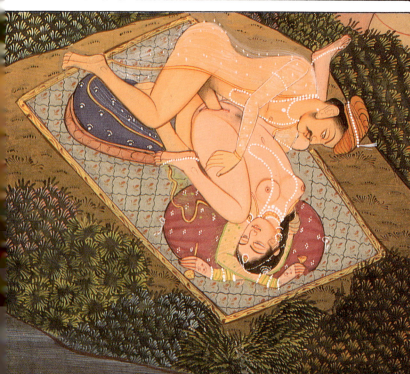

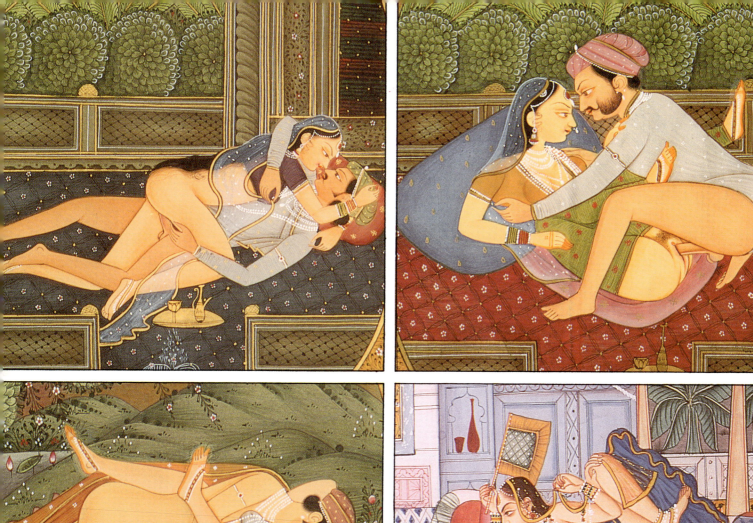

Will der Mann aber, daß er weitermacht, so vollzieht er den nächsten Schritt.

1. Hält der Eunuch das Glied des Mannes in seinen Händen, nimmt es zwischen seine Lippen und bewegt den Mund auf ihm auf und ab so nennt man das den 'direkten Akt'.
2. Bedeckt der Eunuch das Ende des Glieds mit seinen wie zu einer Knospe zusammengefalteten Fingern und drückt seine Lippen auf die Seiten des Glieds, so nennt man das 'Beißen der Seiten'.
3. Wird gewünscht, daß er weitermachen soll, drückt der Eunuch seine geschlossenen Lippen auf das Ende des Lingam und küßt ihn, so als

*Wenn sich die Frau während des Liebesaktes wie ein Rad dreht, so nennt man das 'Kreisel'. Diese Stellung erfordert große Übung.*
***Seite 74**: Ein Liebespaar auf dem Höhepunkt seiner Leidenschaft verliert sämtliche Kontrolle.*
***Seite 75**: Leidenschaftliche Handlungen und Bewegungen, die sich ganz spontan ergeben, können nicht definiert werden.*

ob er ihn langziehen wolle, so nennt man das 'Drücken von Außen'.
4. Bittet man ihn, weiterzumachen, führt er das Glied tiefer in seinen Mund, drückt es mit seinen Lippen zusammen und nimmt es wieder heraus. Das nennt man 'Drücken von innen'.
5. Hält der Eunuch den Lingam in seiner Hand und küßt ihn, wie bei einem Kuß der Unterlippe, so nennt man das 'Drücken'.
6. Wenn er nach dem Küssen das Glied mit der Zunge berührt und die Zunge über das Glied gleiten läßt, so nennt man das 'Reiben'.
7. Wenn er den Lingam zur Hälfte in den Mund nimmt, ihn kräftig küßt und lutscht, so nennt man das 'Lutschen einer Mango'.
8. Und wenn er schließlich mit Einverständnis des Mannes den Lingam ganz in den Mund nimmt und ihn in Richtung Rachen zieht, so als ob er ihn verschlucken wolle, so nennt man das 'Verschlucken'.

Während dieser Fellatio können sich die Partner auch schlagen, kratzen und all die anderen Dinge tun, die man gewöhnlich beim Liebesakt tut.

Auparishtaka wird auch von

*Eine Frau, meint Vatsyayana, verbirgt gewöhnlich ihre Gefühle. Wenn sie aber oben auf dem Mann liegt, offenbart sie ihm ihre ganze Liebe und große Leidenschaft.*

schamlosen und wollüstigen Frauen, Zofen und weiblichen Bediensteten ausgeübt, d.h., von Frauen, die nicht verheiratet sind und sich ihren Lebensunterhalt als Masseusen verdienen.

Die Acharyas (altehrwürdigen Autoren) meinen, daß Auparishtaka das Werk eines Hundes und Menschen wäre, da es sich um eine widrige Art von sexueller Praktik handelt, die sich gegen die Vorschriften der Heiligen Schrift (Dharam Shastra)

wendet und bei der dem Mann Schaden zugefügt werden kann, wenn er seinen Lingam in Kontakt mit dem Mund von Eunuchen und Frauen bringt. Vatsyayana dagegen meint, daß die Heiligen Schriften nichts dagegen einzuwenden hätten, daß man zu Konkubinen geht und das Gesetz 'Auparishtaka' nur mit verheirateten Frauen verbietet. Und was die Verletzung des männlichen Glieds beträfe, so könne man diese schnell heilen.

Zu diesem Thema gibt es außerdem die folgenden Zeilen:

Die männlichen Bediensteten mancher befriedigen ihre Meister durch Fellatio. Aber auch Bürger, die sich gut kennen, befriedigen ihre sexuellen Gelüste mittels Fellatio. Manche Männer tun das auch mit Frauen. Dabei sollte man die Yoni der Frau auf gleiche Art, wie für den Mund vorgeschlagen, küssen. Wenn sich Mann und Frau in entgegengesetzter Richtung

*Männer und Frauen sollten gelegentlich ausreiten und sich die Zeit auf angenehme Art in Gärten und Hainen vertreiben.*

79

niederlegen, d.h. der Kopf des einen Partners die Füße des anderen berührt und sie in dieser Stellung den Geschlechtsakt vollziehen, so nennt man das den 'Akt einer Krähe'.

Um solcher Dinge willen verlassen Konkubinen Männer von gutem Stand, die liberal und klug sind, um eine Bindung mit Männern niederer Herkunft, wie Sklaven und Elefantentreibern, einzugehen.

Auparishtaka bzw. Fellatio ist für gelehrte Brahmanen, Minister, die mit Staatsangelegenheiten betraut werden und für Männer von gutem Ruf tabu, da es, obwohl von den Shastras nicht verboten, keinen Grund gibt, warum man sich zu einem solchen Geschlechtsakt erniedrigen soll.

## WIE MAN DEN LIEBESAKT EINLEITET UND BEENDET

Der Bürger soll die Frau, die gebadet und schön gekleidet zu ihm kommt, in seinem mit

*'Indrani', eine Stellung, die nach der Frau des Gottes Indra benannt wurde.*

frischen Blumen geschmückten und nach Parfüm duftenden Zimmer im Kreise seiner Freunde und des Personals empfangen und ihr Erfrischungen und Getränke reichen. Er sollte sie an seine linke Seite setzen, ihr Haar berühren und sie zärtlich in seinen rechten Arm nehmen. Beide sollten dann ein amüsantes Gespräch führen aber auch versteckte Anspielungen machen, die sonst in Gesellschaft anderer als anstößig gelten würden.

Sie können singen und auf einem Musikinstrument spielen, sich über die schönen Künste unterhalten und gegenseitig zum Trinken auffordern. Wenn die Frau schließlich in Liebe entbrannt ist, sollte der Bürger alle anderen Leute mit Blumen, Betelblättern und Duftsalben verabschieden. Sind dann beide allein, sollten sie mit dem Liebesspiel wie in den vorherigen Kapiteln beschrieben, fortfahren. Nach Beendigung der geschlechtlichen Vereinigung, sollten die Liebenden verschämt und ohne sich anzuschauen, separat ins Bad gehen. Wenn sie dann wieder getrennt auf ihren Plätzen sitzen, sollten sie Betelblätter kauen und der Bürger den Körper der Frau mit Sandelholzpaste oder irgendeiner anderen Salbe einreiben. Dann sollte er sie mit dem linken Arm umarmen und mit freundlichen Worten auffordern, aus einem Becher in seinen Händen zu trinken. Dann können sie etwas Süßes oder andere Dinge, die ihnen schmecken, essen, frischen Obstsaft trinken, eine stärkende Suppe oder Fleischbrühe zu sich nehmen, Mangosaft oder Zitrussaft trinken. Die Liebenden können sich auch auf die Terrasse setzen, den Mondschein genießen und eine liebenswürdige Unterhaltung führen. Zu diesem Zeitpunkt kann der Mann ihr die verschiedenen Planeten und den Polarstern zeigen und die Sternbilder erklären.

## Methoden zum Entfachen der Leidenschaft

Wenn es einem Mann nicht gelingt, eine 'Hastini' bzw. Elefantenfrau sexuell zu befriedigen, sollte er zu einer Reihe von Hilfsmitteln greifen, um ihre Begierde zu wecken. Zu Beginn sollte er ihre Yoni mit seinen Fingern oder seiner Hand reizen und den Liebesakt erst

*Das Kama Sutra rät, daß der Mann während des Geschlechtsaktes all die Körperstellen einer Frau berühren soll, die ihre Sinne verwirren.*

dann beginnen, wenn ihre Leidenschaft völlig entbrannt ist.

Er kann sich aber auch einer Reihe von Apadravyas bzw. Dingen, die er auf oder um seinen Lingam gibt, um ihn zu verlängern oder verstärken, damit er gut in die Yoni paßt, bedienen. Laut Babhravya sollten diese Apadravyas aus Gold, Silber, Kupfer, Eisen, Elfenbein, Büffelhorn, verschiedenen Arten von Holz, Zinn oder Zink angefertigt sein, weich, kühl und sexuell provozierend sein und gut passen, damit sie ihren Zweck auch erfüllen. Vatsyayana meint, daß man sie ganz individuell anfertigen lassen sollte.

Es gibt die folgenden Arten von Apadravyas: die Armspange (Valaya) sollte die gleiche Größe wie der Lingam und eine aufgerauhte Oberfläche haben; das Paar (Sanghati), das aus zwei Armreifen besteht; der Armreifen (Chudaka), der sich aus drei oder mehreren aneinandergefügten

*Es gibt viele Möglichkeiten, sich einer Frau zu nähern.*

Armreifen zusammensetzt und die gesamte Länge des Lingam bedeckt; das einzelne Armband ist ein Stück Draht, der um den Lingam gewickelt wird. Kantuka bzw Jalaka ist ein an beiden Seiten offenes Röhrchen, das außen rauh und mit Körnchen überzogen ist, auf die Yoni aufgepaßt und an der Hüfte festgebunden wird.

Wenn es einen solchen Gegenstand nicht gibt, kann auch ein Rohr aus Holzäpfeln, Flaschenkürbis oder Schilf, das mit Öl und Pflanzenextrakten eingerieben und an der Hüfte festgebunden wird, verwendet werden.

Die oben aufgezählten Dinge können mit dem Lingam oder anstelle des Lingam verwendet werden.

*Ein Jäger, der es auf mehr als nur ein Opfer abgesehen hat.*
**Seite 84 :** *Die weibliche Brust war schon immer Symbol der Sexualität, auch wenn die Frauen in vielen Landesteilen ihre Brüste nicht bedecken mußten.*